国家体育产业基地
特征分析、集聚测度及发展对策

邢尊明 著

人民体育出版社

图书在版编目（CIP）数据

国家体育产业基地特征分析、集聚测度及发展对策 / 邢尊明著. -- 北京：人民体育出版社，2024
ISBN 978-7-5009-6446-9

Ⅰ.①国⋯ Ⅱ.①邢⋯ Ⅲ.①体育产业—研究—中国 Ⅳ.①G812

中国国家版本馆CIP数据核字(2024)第065992号

*

人民体育出版社出版发行
北京建宏印刷有限公司印刷
新 华 书 店 经 销

*

710×1000　16开本　10.25印张　201千字
2024年3月第1版　　2024年3月第1次印刷

*

ISBN 978-7-5009-6446-9
定价：53.00元

社址：北京市东城区体育馆路8号（天坛公园东门）
电话：67151482（发行部）　　邮编：100061
传真：67151483　　　　　　　 邮购：67118491
网址：www.psphpress.com
（购买本社图书，如遇有缺损页可与邮购部联系）

摘 要

改革开放以来，随着区域经济的纵深发展，在我国部分地区，尤其是广东、福建、浙江等沿海地区出现了初具规模的体育产业集聚现象。与我国区域经济发展梯度有序对接，以体育产业的空间地理集聚为基本特征，这种色彩斑斓的"块状经济"，是我国体育产业发展经济版图上可观察到的、最值得关注的体育经济现象。体育产业空间集聚和区域体育生产专业化现象开始引起我国政府有关部门的高度关注和重视。为进一步促进此类区域的快速集约化发展，进一步发挥政府统筹优势，我国适时推出了"国家体育产业基地"制度，仅2006—2016年的10年间，就已建成广东深圳、四川温江、福建晋江、北京龙潭湖、山东乐陵、浙江富阳、江苏苏南（县域）、浙江宁海、浙江淳安、安徽皖南（县域）、河南登封、湖北荆门、广西平果、青海环青海湖14个国家体育产业基地，而2016—2020年，不到5年的时间更是快速增长至58个。国家体育产业基地成为我国体育产业发展的重要特色和巨大优势，被誉为我国体育产业发展的"发动机"。然而，与如火如荼的国家体育产业基地政策实践和迫切需求不同，对国家体育产业基地的发展现状、基本特征及相关深层理论基础的研究依然相对薄弱，专门研究和稳定聚焦国家体育产业基地研究的学者还较为鲜见。因此，以国家体育产业基地为研究对象，摸清国家体育产业基地产业集群现状，发现问题，总结经验，准确揭示国家体育产业基地产业集群的系统特征，探索建立定量测度方法，并提出相应的发展对策及政策措施，指导与识别潜在的体育产业集聚区域发展及宏观布局，促进科学发展与管理。对于更好地建设国家体育产业基地，推动我国体育产业整体跨越式、高质量发展，以及实现2025年体育产业总规模5万亿目标，都具有重大的理

国家体育产业基地
特征分析、集聚测度及发展对策

论与现实意义。

本研究立足《国务院办公厅关于促进全民健身和体育消费推动体育产业高质量发展的意见》《国家体育产业基地管理办法（试行）》《国家体育总局关于进一步加强国家体育产业基地建设工作的通知》等文件精神及体育产业"十四五"规划背景，以国家体育产业基地为研究对象，从产业集聚理论视角，综合运用文献资料分析、实地调研、实证数据分析等定性与定量分析相结合的研究方法，系统调查各国家体育产业基地的现状，规范分析和准确揭示国家体育产业基地的整体系统特征，运用空间基尼系数、行业集中度、区位商、赫芬达尔—赫希曼指数、空间集聚指数等理论工具，以晋江国家体育产业示范基地为例，探索性地建构了国家体育产业基地产业集聚水平的定量测度理论及方法，系统揭示了国家体育产业基地的系统数量、整体分布及宏观特征，准确测度了国家体育产业基地的内部产业集聚水平，并在此基础上提出了国家体育产业基地发展相关政策建议。

研究的主要内容及结论包括：

①国家体育产业基地作为一种制度性概念范畴，是一种以体育产业集聚发展为基础，我国特有的、政府主动的、有意识的体育产业发展效率方式选择。相较于潜在的、自发的体育产业集聚区，国家体育产业基地制度的核心优势集中在"市场机制为主，兼顾政府统筹、主动科学规划、精准制度保障"为特征的"政府—市场"有机结合机制。以"有为政府"为前提，在市场机制的基础上，结合政府科学系统规划、精准政策干预的"市场有位、政府有为"的发展思路和政策实践，是我国国家体育产业基地发展的重要特征和巨大优势，也是作为后发型体育经济体实现体育产业快速跨越式发展的重要保障。

②从"国家体育产业基地"制度诞生的历史历程看，其发端于我国不同经济部门产业发展实践经验之间的知识相互溢出效益。"国家体育产业基地"的发展主要经过了概念性酝酿（2003—2005年）、制度性确立

（2005—2006年）、探索性实施（2006—2011年）、理性化发展（2012—2014年）、分化与嵌入（2015年至今）五个阶段。在发展过程中，"国家体育产业基地"发展存在的地方政府基地申报动力政绩化、基地批设缺乏科学严谨程序、基地发展方向的模糊性及发展措施的迷惑性、基地日常管理的空心化等现象值得警示。

③截至2021年已建成广东深圳、四川温江、福建晋江、北京龙潭湖、浙江富阳、山东乐陵、江苏苏南、广西平果、浙江宁海、河南登封、湖北荆门、青海环青海湖、浙江淳安、安徽皖南等70个国家体育产业基地。在全国34个省、自治区、直辖市和特别行政区中，有24个省、自治区和直辖市设有国家体育产业基地，占比超过70%。在设有国家体育产业基地的24个省、自治区和直辖市中，共有15个省、自治区和直辖市的国家体育产业基地个数超过2个，占比为62.50%。其中，浙江省国家体育产业基地的数量最多，共有11个，占总数量的15.71%；然后是江苏省和山东省，各有6个国家体育产业基地，占总数量的8.57%；天津市、辽宁省、内蒙古自治区等9个省、自治区和直辖市的国家体育产业基地个数为1个。同时，山西省、吉林省、黑龙江省、湖南省、海南省、西藏自治区、宁夏回族自治区、台湾省、香港特别行政区和澳门特别行政区等9个省、自治区和特别行政区尚未设立国家体育产业基地。

④从空间分布特征看，华东地区的国家体育产业基地数量为33个，数量最多，占全国国家体育产业基地总数量的47.14%；然后是华北地区、华中地区国家体育产业基地各9个，占比12.86%；西南地区共8个，占比11.43%；分布较少的是西北地区和华南地区，国家体育产业基地个数分别为5个和4个，占比分别为7.14%和5.71%；分布最少的是东北地区，仅有2个国家体育产业基地，占比为2.86%。国家体育产业基地的空间分布呈现明显的由南至北、由西至东的集聚趋势，与我国地区经济发展水平梯度紧密对接。而通过各个国家体育产业基地所在地区GDP数据的相关分析来看，在我国各地省份GDP总量排名前10的广东省、江苏省、上海市、山东省、浙江

省、河南省、四川省、福建省、湖北省、湖南省，共计有43个国家体育产业基地，占全国国家体育产业基地总数的61.43%。

⑤国家体育产业基地具有良好的体育产业发展基础且呈现均衡布局与着力体现综合辐射效应。

⑥历史基础因素、经济区位因素、规模经济因素、空间成本因素、心理预期因素等是促进国家体育产业基地产业集聚化发展的重要驱动因素，并相应地呈现为市场驱动、政府规划为主，以及市场驱动与政府规划相结合的三种产业基地集聚模式。

⑦国家体育产业基地产业集聚水平测度还没有较为完善和具体的实施体系，加之对基地产业集聚统计的滞后，导致对国家体育产业基地产业集聚水平的定量研究较少。本研究尝试采用空间基尼系数、行业集中度、区位商、赫芬达尔—赫希曼指数、空间集聚指数等定量分析法，以晋江国家体育产业示范基地为例进行产业集聚水平测度，以期为国家体育产业基地产业集聚水平测度提供借鉴与参考。通过灰色关联分析法，发现晋江市GDP，以及第一、二、三产业增加值与体育产业区位商的关联度都超过了0.6，说明四者与体育产业集聚均存在较强的关联性；晋江的体育产业集聚从宏观和中观层面来看具有显著的经济效应。利用回归模型进行晋江体育产业集聚的影响因素分析，构建线性模型，采用广义最小二乘法对模型参数进行求解。从回归结果来看，各因素的回归系数表明其对晋江体育产业集聚程度的影响，根据回归系数分析，晋江市进出口额、居民消费水平及城市化水平均对晋江市体育产业集聚存在显著影响。

⑧研究认为，国家体育产业基地政策方面，应该对全国集聚区进行定量辨识与科学分布系统描述，指导宏观布局，构建基地的产业集聚水平测度评价指标认证系统，实行量化评定，以及制定基地管理办法及其配套项目支持制度体系，实现科学发展建立基地专门性动态监管及数据信息流通平台，保障动态推进。

目 录

绪 论……………………………………………………（1）

第一节 选题缘由和研究价值……………………………（1）
  一、体育产业的空间地理集聚是我国体育经济发展中的
    重要现象……………………………………………（1）
  二、各个体育产业集聚区域是我国体育产业发展的重要
    优势基础……………………………………………（2）
  三、产业基地是发挥政府优势，促进集聚区域快速发展的
    有力手段……………………………………………（2）
  四、研究基础薄弱是影响国家体育产业基地健康发展的
    迫切命题……………………………………………（3）
  五、相关学科理论发展为国家体育产业基地研究提供了
    有力基础……………………………………………（3）

第二节 体育产业基地相关概念的述评及界定……………（4）
  一、体育产业集聚………………………………………（5）
  二、体育产业集群………………………………………（6）
  三、体育产业基地………………………………………（7）

第三节 研究的思路、方法及创新…………………………（8）
  一、研究对象的确定……………………………………（8）
  二、研究的技术路线……………………………………（8）
  三、研究的基本方法……………………………………（9）

四、研究的创新之处……………………………………………（12）

第一章　文献综述与理论基础……………………………（13）

第一节　国家体育产业基地研究的文献述评…………………（14）
　一、国家体育产业基地概念界定研究…………………………（14）
　二、国家体育产业基地发展状况研究…………………………（16）
　三、国家体育产业基地产业集聚研究…………………………（22）
　四、国家体育产业基地产业竞争研究…………………………（29）

第二节　国家体育产业基地研究的理论基础…………………（32）
　一、国家体育产业基地形成的理论基础研究…………………（33）
　二、国家体育产业基地的相关概念辨析——政府优势维度……（34）
　三、国家体育产业基地的学理界定——产业集聚视角…………（36）
　四、国家体育产业基地的政策导向——技术工具选择…………（41）

本章小结………………………………………………………（45）

第二章　国家体育产业基地历史进程研究…………………（46）

第一节　国家体育产业基地建设的基本背景…………………（46）
　一、全国体育产业经济的快速增长……………………………（46）
　二、宏观经济政策的体育产业选择……………………………（47）
　三、体育产业块状经济实践的引注……………………………（48）
　四、产业基地发展政策的制度启迪……………………………（49）

第二节　国家体育产业基地建设的基本历程…………………（50）
　一、概念性酝酿：其他产业部门经济发展经验与知识的相互溢出
　　（2003—2005）………………………………………………（50）

目 录

二、制度性确立："（深圳）国家体育产业基地"首获批准设立
（2005—2006）………………………………………………（53）

三、探索性实施：六大"国家体育产业基地"的陆续认定与批设
（2006—2011）………………………………………………（55）

四、理性化发展：《国家体育产业基地管理办法（试行）》的颁布
（2012年至今）………………………………………………（58）

五、多元化发展：国家体育产业基地制度认定单元的分化与嵌入
（2013年至今）………………………………………………（59）

第三节 国家体育产业基地制度实施关键因素………………………（61）

一、宏观政策支持………………………………………………（61）

二、政府的支持与配合…………………………………………（62）

三、国家体育产业基地的产业发展……………………………（62）

本章小结…………………………………………………………（63）

第三章 国家体育产业基地发展的特征分析………………………（64）

第一节 国家体育产业基地具有良好的体育产业发展基础…………（64）

一、体育制造产业基础较好……………………………………（64）

二、体育资源禀赋较好…………………………………………（66）

三、强有力的政策保障…………………………………………（67）

第二节 国家体育产业基地产业布局与综合辐射效应………………（69）

一、国家体育产业基地的区域分布特征………………………（69）

二、国家体育产业基地的产业集聚分布特征…………………（70）

三、国家体育产业基地产业集聚效应…………………………（72）

第三节 国家体育产业基地集聚产业属性分析及定位特征…………（75）

一、国家体育产业基地集聚产业属性…………………………（75）

二、定位特征……………………………………………………（78）
　　本章小结…………………………………………………………（81）

第四章　国家体育产业基地的产业集聚机理………………（82）

第一节　国家体育产业基地的产业集聚因素……………………（82）
　　一、空间政策因素………………………………………………（82）
　　二、历史基础因素………………………………………………（83）
　　三、经济区位因素………………………………………………（84）
　　四、规模经济因素………………………………………………（85）
　　五、空间成本因素………………………………………………（85）
　　六、心理预期因素………………………………………………（86）

第二节　国家体育产业基地的产业集聚动力……………………（87）
　　一、以市场驱动为主形成的国家体育产业基地………………（89）
　　二、以政府主导形成的国家体育产业基地……………………（89）
　　三、资源主导形成的国家体育产业基地………………………（90）

第三节　国家体育产业基地的产业集聚模式……………………（90）
　　一、市场主导型体育产业集聚模式……………………………（91）
　　二、政府扶持型体育产业集聚模式……………………………（92）
　　三、资源型体育产业集聚模式…………………………………（93）
　　本章小结…………………………………………………………（94）

第五章　国家体育产业基地产业集聚水平测度……………（95）

第一节　体育产业集聚分析方法的选择…………………………（95）
　　一、空间基尼系数………………………………………………（95）

二、行业集中度……………………………………………（96）
　　三、区位商……………………………………………………（97）
　　四、赫芬达尔—赫希曼指数…………………………………（98）
　　五、空间集聚指数……………………………………………（98）
第二节　晋江国家体育产业基地产业集聚测度分析…………（99）
　　一、数据来源…………………………………………………（99）
　　二、行业集中度………………………………………………（100）
　　三、区位商……………………………………………………（104）
　本章小结………………………………………………………（106）

第六章　晋江国家体育产业基地集聚发展分析…………（108）

第一节　晋江体育产业发展状况………………………………（108）
　　一、晋江体育产业发展的基本状况…………………………（108）
　　二、发展特点…………………………………………………（109）
　　三、存在的问题………………………………………………（113）
第二节　晋江体育产业集聚的经济效应分析…………………（117）
　　一、灰色关联分析法…………………………………………（117）
　　二、灰色关联度计算…………………………………………（118）
　　三、灰色关联度实证结果分析………………………………（119）
第三节　晋江体育产业集聚的影响因素分析…………………（121）
　　一、影响因素的选择…………………………………………（121）
　　二、面板数据检验……………………………………………（123）
　　三、模型回归结果分析………………………………………（125）
第四节　发展方向分析建议……………………………………（126）
　　一、问卷分析…………………………………………………（126）

二、宏观发展方向建议……………………………………（129）
　　本章小结……………………………………………………（132）

第七章　国家体育产业基地空间政策导向研究……………（134）

　　一、进行系统描述，指导宏观布局………………………（134）
　　二、构建认证系统，实行量化评定………………………（135）
　　三、制定制度体系，实现科学发展………………………（135）
　　四、建立流通平台，保障动态推进………………………（136）

第八章　研究结论……………………………………………（138）

后　记…………………………………………………………（139）

附录1　已发表的研究成果 ……………………………………（141）

附录2　晋江体育产业间影响系数分析专家调查问卷 ……（142）

绪 论

本章旨在阐释选择国家体育产业基地作为独立研究对象，系统揭示国家体育产业基地体育产业集聚特征、定量化探讨产业集聚程度，并进行相关实证分析的理由、意义及价值。实际上，在我国体育市场化、产业化的进程中，体育产业发展的空间地理集聚一直是我国体育经济发展中的重要现象。尤其改革开放以来，体育产业也伴随着现有区域经济的结构性版图基础，伴生出显著的体育生产专业化和产业空间集聚化的发展特征，并逐步成为我国体育产业发展的重要趋势。然而，在学术研究领域，由于多方面的原因，长期以来，国家体育产业基地一直是我国体育产业研究领域中相对缺失和薄弱的研究单元。国家体育产业基地作为一种具有较强政策工具特征的区域体育产业发展模式，亟须学界及业界的广泛关注和重视。本章将具体交代本研究选题的理由、研究价值、研究的基本方法与视角选择、意义及创新等。

第一节 选题缘由和研究价值

一、体育产业的空间地理集聚是我国体育经济发展中的重要现象

在我国体育产业发展的经济地理版图上，与我国区域经济发展梯度有序对接、色彩斑斓的体育产业集聚的"块状经济"，是我国体育产业发展实践中可观察到的、最值得关注的体育经济地理现象，如福建晋江的运动鞋服制造业、山东乐陵的大中型体育器材制造业、深圳运动自行车等体育高科技制造、浙江富阳的水上运动器材制造产业等。这种产业空间集聚，

作为现代经济产业发展的一种特殊空间地理现象，其产生与发展演化的机制等一直是经济学、社会学等关注与研究的热点。随着对产业集聚理论研究的不断深入，其应用领域也随之不断拓展，更为体育产业集聚问题研究提供了重要的理论工具支持。

二、各个体育产业集聚区域是我国体育产业发展的重要优势基础

"以市场为基础、以政策为保障"的体育产业发展方式，是我国体育产业发展的基本特征和重要优势，也是实现我国体育产业快速发展的根本性保障。近年来，国家体育产业基地制度成为我国政府体育行政部门推动体育产业发展与布局的重要手段之一。然而，由于体育产业本身的复杂属性和特殊规律，产业基地、工业园区这种始于20世纪80年代初的产业政策工具，如何在地方体育产业发展中发挥应有的制度效率，是一个十分重要、迫切而又复杂的问题。鉴于国家体育产业基地在全国体育产业资源配置及布局中所发挥的重要影响和关键作用，国家体育产业基地的成败对于我国体育产业整体布局、结构改革及内在质量都具有重大影响。因此，在当前"十四五"体育产业快速发展、2025年5万亿体育产业目标实现的关键时期，如何科学认识和有效利用国家体育产业基地在体育产业资源配置中的重大和特殊作用，对于实现我国体育产业快速跨越式发展，乃至2025年体育产业5万亿总规模目标的实现，都具有重大战略意义。

三、产业基地是发挥政府优势，促进集聚区域快速发展的有力手段

近年来，随着区域经济的纵深发展，体育产业空间地理集聚和区域体育生产专业化开始引起政府有关部门的高度关注和重视。为进一步促进此类区域的快速发展、发挥政府统筹优势、促进产业的快速集聚与发展，在其他产业经济部门成功发展经验的溢出影响下，"产业基地"的发展模式逐渐进入体育产业发展的政策视野。自2006年首个国家体育产业基地（深圳）设立以来，截至2020年，现已建成四川温江、福建晋江、北京龙潭

湖、浙江富阳、山东乐陵、江苏苏南（昆山、江阴、溧阳）、湖北荆门、浙江淳安、河南登封、青海环青海湖、广西平果、浙江宁海、安徽皖南等70个国家体育产业基地。国家体育产业基地逐渐成为推动我国体育产业整体发展、提高体育产业竞争力的有力抓手，成为实现我国体育产业"跨越式"发展的重要方式。国家体育产业基地在推动我国体育产业快速发展的同时，也深刻改变着我国整体体育经济的发展格局。

四、研究基础薄弱是影响国家体育产业基地健康发展的迫切命题

基于部分沿海及经济发达地区国家体育产业基地发展的成功经验，在国家体育产业政策及地方体育产业发展需求的双重激励下，加之地方政府政绩思维的推动，申请设立国家体育产业基地的行动逐步由沿海经济发达地区向中国中部、西部、北部乃至全国蔓延。然而，对于"国家体育产业基地"的基本概念、性质、产业逻辑等理论研究及学术认知上的不足甚至误区，地方政府在申设"国家体育产业基地"上存在诸多不合理的预期，导致"国家体育产业基地"向政绩化、空心化的方向建设与发展。"国家体育产业基地"基本内涵及产业功能等基础理论研究的不足甚至错误，将严重贻误我国"国家体育产业基地"的发展，以至于不利于我国体育产业的整体发展。"产业基地""工业园区"这些始于20世纪80年代初的产业政策工具，如何在体育产业的发展中发挥应有的制度效率，是一个十分重要、迫切而又复杂的问题。因此，从理论与实践的双重角度，科学认识"国家体育产业基地"的概念内涵、探讨其背后深层的产业逻辑、制定科学有效的政策体系，对于更好地建设国家体育产业基地、更好地实现"国家体育产业基地"建设目标，乃至快速提高我国体育产业的整体发展都具有重要的理论与现实意义。

五、相关学科理论发展为国家体育产业基地研究提供了有力基础

产业集聚对于产业结构的升级、资源、要素空间配置、技术创新及

产业竞争力等都具有较大影响,这已成为学界与业界的普遍共识。产业集聚与经济产业发展之间的关系理论研究与实证研究,已成为国内外经济学学者关注的重要研究领域[①]。产业集聚理论与研究工具的发展,为研究相关产业集聚规律、透视集聚机理和推演政策创新等都提供了重要的理论支撑,如区位熵(LQ)和简化的赫芬达尔指数(HHI)的平均值、行业集中度、空间基尼系数、空间集聚指数等方法为相关产业集聚测度水平的研究提供了重要依据和支持。而文献显示,产业集聚理论的相关行业研究集中在制造业、金融业等研究领域,以系统的产业集聚理论为基础,对体育产业相关研究较少且缺乏系统性。因此,在实施国家体育产业基地制度近15年之际,通过科学、合理的方法测度我国体育产业集聚情况,能够较好地判断产业基地发展情况,并对产业基地进一步发展进行科学预测及制定相关政策意义重大。由此,对体育产业集聚的科学测度是科学制定我国体育产业基地相关政策的重要前提,需要在借鉴较为成熟的测度方法的基础上,并结合国家体育产业基地的实际,进行科学测定,以为产业基地相关政策的制定与完善提供依据。

第二节 体育产业基地相关概念的述评及界定

体育产业的空间地理集聚是国家体育产业基地的根本特征。要说明和研究国家体育产业基地的集聚机理及其政策问题,就必须厘清与其相关的部分学术概念。国家体育产业基地既涉及地理邻近、集群经济等空间经济学的研究范畴,也涉及产业集聚、产业集群、产业基地等政策性的概念工具理论。在经济学研究领域及体育学术界,人们对上述所涉及概念的认识仍未形成普遍的学术共识。本节的重点是以新经济地理、空间经济学等学科理论为基本关照,从体育产业集聚、体育产业集群、体育产业基地等相关概念进行理论梳理,借此部分表明本研究的基本文献背景。

---

① 张涛,武金爽,李凤轩,等. 文化产业集聚与结构的测度及空间关联分析[J]. 统计与决策,2021,37(8):112-115.

一、体育产业集聚

产业集聚是产业发展最基本的前提与特征，任何产业的发展都离不开产业的集聚，也就是说产业发展理论研究中必然涉及产业集聚理论的研究与发展。早在19世纪末，马歇尔、韦伯、熊彼特等经济学家们就对产业集聚现象进行了深入研究，提出了区位集聚论、创新产业集聚论、产业集聚最佳规模论等理论。"产业集聚是指同一种类的产业在一定地域空间中高度集中，产业资本要素在一定区域内不断汇集，从而形成有竞争优势的群体。"[1]产业集聚是现代空间经济地理的重要概念，虽然概念在19世纪提出，但产业集聚的现象却是自古就有。集聚从字面上理解是空间上较为集中。产业集聚只是强调空间的集中，并没有强调产业之间的联系。在研究中一些研究者将产业集聚与产业集群混为一谈，由于产业集聚与集群理论属于舶来品，因此，许多学者认为二者仅仅是由于翻译差别所致。其实不然，一般来说，产业集聚先于产业集群，而且产业集聚是产业集群的前提和基础，产业集群一定是产业集聚的结果，但产业集聚并不一定有产业集群出现。对于产业集聚与产业集群概念的辨析，能够进一步明确产业集聚所要研究的对象与范围。体育产业集聚相关概念研究较早的有邢鸿对国家体育产业基地相关概念进行的辨析研究，涉及产业集聚与产业集群的概念讨论，其分析认为，产业集聚概念在产业集群之前产生，主要研究产业在空间上的集中分布形态，特别注重产业从分散到集中的空间转变过程，产业集聚在某一共同空间发展，可以共享基础设施，带来规模经济受益[2]。由此，本研究依据产业集聚概念得出，体育产业集聚是在一定的地域空间内体育相关产业高度集中的现象，在我国当前主要体现在体育用品制造产业和体育服务产业的集聚，这也是现阶段我国体育产业发展的主要特点之一。

---

[1] 徐浩健.体育产业集聚的发展路径与提升策略[J].南京体育学院学报：自然科学版，2014，13（3）：153-155.

[2] 邢鸿，柴王军.国家体育产业基地相关概念辨析[J].浙江体育科学，2012，34（1）：1-4.

二、体育产业集群

产业集群的概念在20世纪90年代，由美国哈佛商学院麦克尔·波特教授首创。产业集群意指集中于一定区域内体育产业的众多具有分工合作关系的不同规模等级企业与其发展有关的各种机构、组织等行为主体，通过纵横交错的网络关系紧密联系在一起，通过这种区域集聚形成有效的市场竞争，构建出专业化生产要素优化集聚洼地，使企业共享区域公共设施、市场环境和外部经济的信息交流和物流成本降低，形成区域集聚效应、规模效应、外部效应和区域竞争力[1]。具有极强产业竞争力的"产业集群"，有利于降低企业的制度成本（包括生产成本、交换成本），提高规模经济效益和范围经济效益，提高产业和企业的市场竞争力，并形成一种集群竞争力。凭借非集群和集群外企业所无法拥有的产业集群优势，使产业集群成为一种世界各国及区域追求的产业组织形式或发展方式。在经济全球化的背景下，产业集群已成为世界经济发展的重要模式[2]。体育产业集群是体育经济发展的衍生物，目前已经成为西方发达国家发展体育产业的常规模式。在西方发达国家，体育产业的巨额利润，绝大多数来源于体育产业集群。依靠体育产业集群优势，发达国家甚至垄断了世界体育生产和消费市场[3]，如英国"赛车谷（Motosport Valley）"赛车产业集群、意大利蒙特贝卢纳（Montebelluna）运动鞋产业集群等。国外体育产业集群以市场自发为主，具有较长的发展历史。国外鲜有学者将研究视角投向中国等发展中国家的体育产业集群。

从严格意义上讲，目前我国还不存在成熟稳定的体育产业集群。在我国的体育产业集聚实践中，呈现出明显、高度产业集聚状态的主要集中在体育鞋服、体育器材等体育制造业领域。即使是我国体育产业集聚最为成熟、集聚状态最为显著的福建省晋江市，也只是体育产业甚至体育企业的

---

[1] 王坤，张建华.产业集群相关概念辨析及研究进展[J].科学管理研究，2012（1）：84-88.
[2] 梁强.国家体育产业基地建设路径考察与推进策略探究[J].河北体育学院学报，2013（3）：1-4.
[3] 程林林，袁春梅.成都国家体育产业基地发展的思考[J].搏击，2011（1）：1-5.

高度地理集中。从网络联系、信息知识、机构互动、集群创新等多维度评判，其离真正意义上的体育产业集群依然具有很大的距离。而由此催生的"国家体育产业基地"，以政府行政力量在公共领域配置公共资源的效率优势，是促进体育产业集聚向体育产业集群发展的重要工具。

三、体育产业基地

产业基地一般等同于20世纪80年代推广的产业园区，是相关企业、机构等在特定区域集聚发展，且具有相配套的相关基础设施、环境、产业链布局等产业集群。一般认为，产业基地是产业集群发展的高级形式[1]，在我国一般具有较强的政府规划性、计划性。体育产业基地相关概念在我国出现的比较晚，如2008年林向阳等认为体育产业基地指相互有联系的体育企业（公司）及机构集聚的特定领域或在一定区域内建立的具有配套环境、布局相对集中的体育企业集群地带，是产业集群发展的高级化[2]。这是对于我国体育产业基地较早的界定，由这个界定可以看出，体育产业基地首先是相关企业或公司、机构的集聚，其次是相关配套设施、机构的建设，最后这些企业、机构之间形成互惠互利的关系，进而促进资源的有效配置、降低成本等。而且，延续了产业基地是产业集群发展的高级阶段，认为体育产业基地是产业集群发展到一定阶段的产物。但依据我国体育产业基地发展的实际，不难发现我国体育产业基地的建立并不是完全由产业集群发展而来的，甚至，体育产业基地的建立对促进产业集聚与集群发展的作用更大。也就是说，我国的体育产业基地并不是完全由市场机制发挥作用而形成，更多的是政府为有效配置体育资源、促进体育产业集聚发展、发挥体育产业的集聚发展效应而专门设立的一种制度。自2006年深圳第一个国家体育产业基地成立以来，体育产业基地已成为国家发展体育产业，实现体育产业高质量发展的重要抓手或政策工具。由此，我国体育产业基地并不是完全由产业集群发展而来，而是一种国家政策或体育产业发展的工

---

[1] 邢鸿，柴王军.国家体育产业基地相关概念辨析[J].浙江体育科学，2012，34（1）：1-4.
[2] 林向阳，周红妹.国家级体育产业基地建设研究[J].武汉体育学院学报，2008，42（8）：45-48，70.

具，具有明显的中国特色。这也符合了党的十九届五中全会提出的"让市场与政府有机结合"的经济发展要求，显然，政府较于市场更具主动性。因此，系统地梳理近15年来国家体育产业基地建设情况，探索较为科学的测度我国国家体育产业基地的产业集聚程度等方法，是进一步认清国家体育产业基地发展问题的重要途径，也是在体育产业发展中能更好发挥政府作用的重要依据。

第三节　研究的思路、方法及创新

一、研究对象的确定

本研究以我国目前已设立的国家级体育产业基地为研究对象，主要研究我国国家体育产业基地的理论基础、发展历程、产业集聚特征、程度等，进而制定具有针对性的国家体育产业基地发展的政策。

二、研究的技术路线

依据本研究的主要问题，即：理论层面，国家体育产业基地的内涵、特征等发展理论；机理层面，国家体育产业基地体育产业集聚与集群的内部动力；政策层面，通过对国家体育产业集聚程度的测度及相关政策的理解与分析，提出适合我国体育产业基地发展的政策。本研究遵循国家体育产业基地是什么、发展怎么样、为什么会这样、发展趋势及将来如何发展等逻辑框架，通过提出问题、解释问题、解决问题，层层呈现国家体育产业基地建设与发展情况。主要采用理论与实证研究相结合的方法，系统地梳理了近15年来国家体育产业基地相关研究情况与发展情况。从学界与国家政策层面对国家体育产业基地的特征进行了分析，进而以晋江国家体育产业示范基地为例，实证性地研究了产业集聚的影响因素、集聚程度、机制等，最终，提出国家体育产业基地发展的对策、建议等。本研究的主要技术路线如图1所示。

绪 论

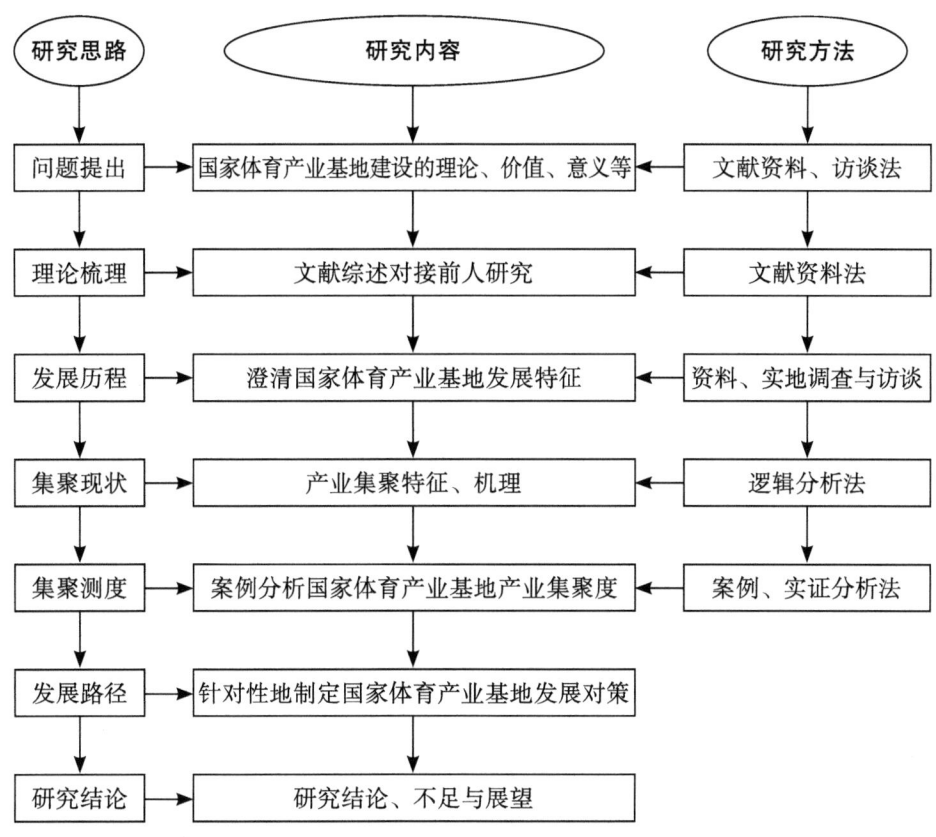

图1 研究技术路线图

三、研究的基本方法

国家体育产业基地建设既是体育经济研究的重点，也是体育管理研究的重点，因此本研究具有较强的学科交叉性与复杂性。在研究中需运用经济学、管理学、社会学、政治学等相关理论及科研方法。为更适合本研究需要，研究力求质性研究与量化研究相结合、归纳分析与演绎分析相结合、历史梳理与现实发展相结合、动态分析与静态分析相结合，以更好地呈现我国体育产业基地的发展情况，更客观、科学地进行分析与研究，提高研究的可信度、科学性。

（1）文献资料法

文献资料是了解国家体育产业基地相关研究的重要途径，是本研究的理论基础。一是相关理论资料的查阅，主要以产业基地、产业集聚、产业集群等中英文为关键词通过中英文数据库进行查阅，为国家体育产业基地相关概念、理论等研究提供理论基础，使得相关理论更为科学、丰满；二是国家体育产业基地相关文献研究，主要以产业基地中英文为关键词进行网络数据资料的查阅，以对2006年以来国家体育产业基地相关研究背景有一个清晰的认识，进而找出研究中存在的不足与问题，并在本研究中进行针对性的解决；三是书籍资料，主要通过华侨大学图书馆、集美大学图书馆、福建师范大学图书馆等查阅有关体育产业、体育产业基地（发展蓝皮书）、经济学、管理学、行政学等相关书籍，一方面对国家体育产业发展与国家体育产业基地发展研究情况进行梳理，另一方面对相关的经济、管理、产业经济等理论进行梳理；四是依托课题组成员到各地体育局、国家体育总局、国家体育产业基地等相关部门收集一手材料，并进行汇总与整理，为研究的客观性、科学性、可信性等提供依据。对于一些通过官方网站可以获得的政策、文件等，主要通过网络数据的查询与收集。对于一些报纸、新闻等渠道，在辨别后进行使用。最终，收集到网络文献数据资料1000余份；经过筛选，共有网络参考文献资料200余份，书籍资料20余本，相关文件、政策等200余份。

（2）访谈法

由于国家体育产业基地建设相关理论与实践起步较晚，相关研究并不是十分丰富，许多材料需要通过调研与访谈获得，一般都是一手材料，这也使得本研究的工作量较大。为使本研究内容更丰富、客观，课题组成员深入国家体育产业基地、国家体育总局、各地体育局等进行了相关调研与访谈，主要与负责国家体育产业基地建设的相关负责人进行交流，对国家体育产业基地建设情况、相关理论等进行了询问，并通过录音、录像、做笔记等方式记录下来，以便后续资料的参考与整理。相关访谈以结构性与半结构性访谈为主。为使本研究设计更为合理，一方面课题组成员进行了较为深入的探讨与交流；另一方面聘请了相关专家进行专门性咨询，以使研究学理性更强。在相关数据的分析中，一方面是课题组熟悉相关数据运算软件的成员处理；另一方面聘请经济学相关专业的专家对相关数据的处理进行指导，以保证方法应用的科学性，以及数据分析的规范性、正确性。在相关政策的制定中更是征询了国家体育产业基地、国家体育总局、各地体育局等相关领导对产业基地发展的意见，以使研究更具针对性，对策更具可操作性。

（3）逻辑分析法

为使研究逻辑更为融洽、分析更为严谨，研究中采用了归纳、演绎等逻辑分析法，如对收集到的各类国家体育产业基地发展的资料进行分类整理，归纳总结各类部门或机构对国家体育基地建设的认识情况。结合现有的政策文件及现状等预测国家体育产业基地的发展趋势，进而为将来国家体育产业基地发展提供依据。而对于国家体育产业基地产生与发展的相关动力机制等则需要将归纳与演绎相结合，以使本研究的逻辑严谨，结论可靠。

（4）案例研究法

为验证相关理论研究的合理性、科学性，更加深入探讨国家体育产业基地建设情况，本研究以晋江国家体育产业示范基地为例进行了实证研究。晋江国家体育产业示范基地建立较早，且基地内各产业发展较好，形成了较为完整的运动鞋服等产、研、销一体化发展的产业链，对其产业集中度的测度能够较好地估测全国体育产业基地建设的情况，进而为其他国家体育产业基地发展提供可借鉴的经验。

（5）数理统计法

对于收集的各类数据、资料等，较为简单的可运用EXCEL软件进行梳理与呈现，而较为复杂的运算主要通过SPSS、eviews8.0等软件进行处理。在对体育产业集聚测度、集聚影响因素、集聚经济效应等进行实证研究的过程中，主要采用了回归分析、灰色关联分析等数理统计法。

四、研究的创新之处

（1）研究对象新

本研究区别于以往的产业政策相关宏观研究，将研究对象定为"国家体育产业基地"，使研究对象更为具体；本研究的内容更具针对性、可操作性。因此，在研究对象上较为新颖。

（2）研究方法新

虽然对于产业集聚、集群相关研究方法并不新颖，但在我国体育产业基地相关研究中，产业集群与集聚研究还处于初级阶段，定性分析较多，定量研究极少。因此，本研究将产业集聚测度相关方法应用于国家体育产业基地研究，在方法上具有一定的创新性，使得能够量化地进行体育产集聚水平评价与测度，这在研究方法上具有一定的突破性。

（3）研究内容新

以往国家体育产业基地相关概念、理论、产业集聚特征、现状等方面的研究相对较少，相关研究层面不高，研究缺乏系统性与深度。为弥补以往研究的不足，本研究以国家体育产业基地的概念、集聚特征、集聚度、集聚效应等研究分析为主，系统地探讨了国家体育产业基地建设的理论基础，总结归纳了我国体育产业基地集聚特征，深入探讨了国家体育产业基地建设的内部机制，较为精确地测度了国家体育产业基地的产业集中度、集聚效应等，并针对性地提出了国家体育产业基地进一步发展的政策建议与对策等，研究内容丰富了国家体育产业基地相关研究的理论，为今后我国推进国家体育产业基地的发展及其发展评估与验收提供了理论支持。结合《国务院办公厅关于加快发展体育产业的指导意见》及体育产业"十四五"规划的任务目标来看，对国家体育产业基地发展路径及政策措施的研究，具有一定的迫切性。本研究的内容，有助于我国国家体育产业基地建设有关政策的调整，以及今后相应的制度改革，对进一步推进我国国家体育产业基地的产业集聚发展，具有重要的实践意义。

第一章 文献综述与理论基础

本章旨在通过对国家体育产业基地相关文献资料的收集整理及相关理论基础进行梳理,为本研究奠定一定的理论基础。国家体育产业基地制度落地时间并不长,相关专门性研究还较少,但是,关于产业基地、产业集聚、产业集群等相关研究较为丰富,这些研究成果为本研究提供了理论、思路、方法等借鉴,也是本研究重要的、需要梳理与评述的文献。整体上看,我国国家体育产业基地相关研究主要集中在一些硕士毕业论文中,主要针对某一区域或某一国家体育产业基地进行实证研究,但研究层次较低,主要以现状调查类为主,对于国家体育产业基地形成与发展的内部动力等探讨较少。研究质量较高的论文较少,但也有逐渐增多的趋势,由概念辨析、基地落地等新闻报道,逐渐向国家体育产业基地的空间分布特征、集聚特征、集群发展、体育产业基地竞争力等方面进行深入研究。随着国家体育产业基地数量不断增多,国家体育产业基地的内涵与外延是否更加丰富、特征是否会发生变化、产业集聚情况是否也会不断改变,这些问题的回答无疑是肯定的。不同的发展阶段国家体育产业基地发展状况不一样,在体育产业乃至国民经济发展中承担的责任、义务也有差异,因此,本部分在澄清以往研究的贡献与不足的同时,也为为什么进行本研究提供了理论依据。

第一节 国家体育产业基地研究的文献述评

一、国家体育产业基地概念界定研究

任何一项新事物的产生，人们总要先明确这个事物是什么。是什么的问题，就是找寻事物本质是什么，区别于其他事物的独特之处是什么。事物本质探索后人们习惯性地用下定义的方式进行界定，因此，"国家体育产业基地"的基本概念内涵的研究，也就成为建构"国家体育产业基地"独特学术知识体系，寻建效率发展政策举措的逻辑基点。虽然"国家体育产业基地"作为推动体育产业发展的战略性手段，已成为政府文件、重要会议及重要领导讲话的高频词汇和重要主题，但对"国家体育产业基地"的基本概念及其相关基础理论的研究依然十分有限。在现有的学术视野及文献资料中，"国家体育产业基地""体育产业园区""体育产业集群"等成为系列使用频度较高但又十分混乱的研究术语。"国家体育产业基地"基本概念内涵不清，是制约我国学术理论体系推建，导致政策取向不明，相关发展举措难以出台与实施的重要前提性障碍。

国家体育产业基地是我国特色的发展体育产业的政策工具，一般研究对标国外相关产业园区等政策工具，虽然具有一定的相似性，但在内涵上及设立国家体育产业基地的意图上等存在较大差异。由于2006年第一个国家体育产业示范基地落地，相关文献资料也就追溯到2006年前后，国家体育产业基地内涵、概念等辨析也就成为初期研究的重点，但整体上看，对国家体育产业基地概念的界定学界并没有形成较为权威的共识，更多的是对其内涵的分析，如2008年林向阳等在其研究中并没有给出国家体育产业基地的界定，但给出了产业基地的概念，即指"相互有联系的公司及机构集聚的特定领域或在一定区域内建立的具有配套环境、布局相对集中的企业集群地带"[①]，由此认为产业基地是产业集群发展的高级阶段。此外，还

[①] 林向阳，周红妹. 国家级体育产业基地建设研究[J]. 武汉体育学院学报，2008，42（8）：45-48，70.

给出了形成产业基地必备的条件：一是产业集群区间有相当的产业基础和规模，并具有较好的基础设施和优越的投资、合作环境；二是产业特色鲜明，拥有市场占有率高的拳头产品；三是科研力量集中，人才资源丰富，拥有一批具有较高技术开发水平的科研机构，服务体系健全；四是具有培育大型骨干企业和孵化中小企业的条件，对本地区及周边地区相关产业发展具有带动作用。邢鸿等则在产业基地相关概念论述的基础上，将国家体育产业基地界定为"国家在体育产业发展已具备相当基础和规模，或在体育产业某领域发展具有明显特色的产业集群的地区或企业，以体育产业为重点发展目标，以体育产品研发、生产、服务为主要任务，具有明确的产业发展规划和战略目标，通过政府引导、政策扶持和市场运作，以发挥产业基地的规模效应、产业集群效应、创新效应和扩散效应而批准成立的体育产业集群"[1]，突出了我国体育产业基地设立国家干预及地方体育产业基础的重要性。而程林林等在《成都国家体育产业基地发展的思考》中认为："体育产业基地是国家为了发展体育产业而建立的集群式示范区，是发展体育产业的综合性国家级平台。"[2]这一界定与《国家体育产业基地管理办法（试行）》的定义有相似的地方，根据《国家体育产业基地管理办法（试行）》的定义"国家体育产业基地，是指经国家体育总局命名的、在体育产业发展方面具备相当基础、规模和特色的地区，或在体育产业某领域具有重要影响力和较强竞争力的机构。"[3]冯建强等在产业集群、体育产业集群概念分析与研究的基础上，结合国家体育总局《国家体育产业基地管理办法（试行）》，从产业基地的认可或命名等规范方面认为"国家体育产业基地，是指经过国家体育局审批，有能力、有基础的体育发展产业产区，或者是可以对体育产业产生较大影响的一些组织机构。"[4]通过以上概念的辨析不难发现，现有研究认可国家体育产业基地的建设是政府主导的结果，需得到国家体育总局的审批认可；国家体育产

---

[1] 邢鸿，柴王军.国家体育产业基地相关概念辨析[J].浙江体育科学，2012，34（1）：1-4.
[2] 程林林，袁春梅.成都国家体育产业基地发展的思考[J].搏击，2011（1）：1-5.
[3] 梁强.国家体育产业基地建设路径考察与推进策略探究[J].河北体育学院学报，2013（3）：1-4.
[4] 冯建强，陈元香.基于产业集群理论的国家体育产业基地发展研究[J].生产力研究，2016（3）：68-70，79.

业基地是产业发展的平台或机构，是在产业集聚或集群的基础上通过申报进而获批的一种组织机构。综上，国家体育产业基地是体育产业集聚或集群发展的高级化形态，是为了发展体育产业而建立的集群式示范区[①]，是"经国家体育总局命名或认定的、在体育产业发展方面具备相当基础、规模和特色的地区，在体育产业重点领域具有较大影响力和较强竞争力的单位或机构，以及在体育产业特定领域成绩显著、具备较好经济和社会效益的活动或项目的总称。"[②]

二、国家体育产业基地发展状况研究

截至2020年3月，我国共建成58个国家级体育产业示范基地。随着国家体育产业基地数量的不断增加，学者对国家体育产业基地的研究也越来越重视与深入。通过文献资料的查阅发展，一些国家体育产业基地落地或成立的新闻媒体报道类研究较多且伴随研究的始终，而真正对体育产业基地发展状况的研究较少。严格意义上说这类个案报道称不上研究，只是对一些现状的呈现，但这类报道却给研究者带来了一些可思考与可研究的材料，因而这类报道性研究仍具有一定的参考价值与意义。

（1）国家体育产业基地媒体报道类现状

关于国家体育产业基地的报道，主要是通过网络、报纸等媒体，对国家体育产业基地落户某地及对该地体育产业的一些发展规划、优势、劣势等方面进行了简要分析。通过这类报道可以在一定程度上了解这个国家体育产业基地的资源禀赋情况、发展战略定位等方面，进而为研究者提供了一些支撑性的依据与材料。如李纬娜在《深圳商报》上发表的《国家体育产业基地落户深圳——到2010年深圳体育产业增加值将达160亿元》一文中，一方面介绍了首个国家体育产业基地正式落户深圳，另一方面介绍了深圳体育产业到2010年与到2020年的发展规划，以及深圳国家体育产

---

①潘时华. 创新培育国家体育产业基地 构筑体育产业提质增效载体支撑[N]. 中国体育报，2016-7-19.

②国家体育总局. 国家体育决局关于进一步加强国家体育产业基地建设工作的通知[EB/OL]. （2016-03-28）. http://www.sport.gov.cn/gdnps/files/c25530069/25530101.pdf.

业基地战略定位的五个方面[①]，这些论述较为直观的为其他研究者提供了一些关于深圳国家体育产业基地发展的信息，具有一定的参考价值。邓红杰在《中国体育报》发表的《攻占"西南桥头堡"国家体育产业基地落户成都》一文中介绍了"成都市国家体育产业基地正式挂牌成立，是全国目前仅有的两个国家体育产业基地之一，也是西部第一个国家体育产业基地"，并对温江国家体育产业基地的发展情况进行了概述，着重介绍了"打造'一个基地'，建设'三个中心'：即打造西部地区环境好、规模大、品位高的集体育用品制造、体育会议、体育展销和体育休闲体验于一体的体育产业基地，建设体育用品研发制造中心、体育会议展销中心和体育休闲体验运动中心。"[②]这一报道让人们对成都国家体育产业基地有了一个较为全面和清晰的认识。杜弋鹏在《北京龙潭湖体育产业园成为国家体育产业基地》一文中介绍了北京龙潭湖体育产业园区是全国第四个国家产业基地，"龙潭湖体育产业园区将着重发挥国家体育组织集聚的区位优势，重点培育体育中介业，发展体育总部经济、体育用品销售和体育国际商务服务。"[③]这类报道对国家体育产业基地的现状、发展规划等方面进行了概述，有利于国家体育产业基地的宣传，进而吸引更多地区进行国家体育产业基地的筹建和申请。随着网络技术的不断发展，网上关于国家体育产业基地的报道更为丰富，甚至可以用"杂乱"来形容。如在百度中输入"登封国家体育产业基地"显示十万多条结果，其中关于登封晋升为国家体育产业基地的报道就有登封市人民政府、凤凰资讯、网易财经等网站，文中大都论述了登封少林武术产业的发展，有的较为详细、有的较为粗略，但也都为读者提供了一些关于登封武术产业发展的信息。可是，由于网络信息监管和筛查工作并不是十分完善，这类报道一般很难作为一些研究的论据。因此，在研究中关于国家体育产业基地个案的报道，应主要以较为正规的报纸报道为主，虽然只是对各个国家体育产业基地落地、建设

[①] 李纬娜. 国家体育产业基地落户深圳——到2010年深圳体育产业增加值将达160亿元［N］. 深圳商报，2007-4-8（A01）.
[②] 邓红杰. 攻占"西南桥头堡"国家体育产业基地落户成都［N］. 中国体育报，2007-6-5（7）.
[③] 杜弋鹏. 北京龙潭湖体育产业园成为国家体育产业基地［N］. 光明日报，2008-12-16（9）.

情况等较为粗略的论述，但也起到了宣传、传播等信息传递的功能。若要在研究中加以运用，还需进行进一步的实地考察验证，仍需进一步挖掘一些更为深入的信息与资料，进而形成更为深入的思考，以解决国家体育产业基地发展中存在的各类问题。

（2）国家体育产业基地整体发展研究

关于国家体育产业基地发展的研究，主要集中在一些期刊和硕博论文中。这类研究一般论述较为严谨，内容较为充实，为其他研究者提供了一些发展思考和经验借鉴。如闻杨等在《成都市体育产业发展问题与对策研究》中提到国家体育产业基地集聚效应不明显、体育产业市场化程度低、体育产业机构不合理及缺乏品牌等问题，在对这些问题进行分析的基础上又探讨了制约成都市体育产业发展的主要因素，主要包括成都市经济欠发达、体育产业市场化运作水平低、缺乏相应的法律法规及政策、体育产业专业化人才短缺等，针对以上因素的分析提出了优化体育产业结构、加强人才引进和培育、制定相应的体育产业政策、推进体育与文化旅游的融合，以及大力发展体育旅游业及加大体育产业相关理论研究等对策[1]。程林林等在《成都国家体育产业基地发展的思考》一文中在成都国家体育产业基地建设概况的基础上，运用SWOT分析法对成都国家体育产业基地进行了详细分析，得出其发展思路："先引进企业解决产业集群发展的基础，而后再培育龙头企业，带动上下游关联企业的发展，最终形成一个相互联系的区域竞争体，加大产业基地的整体竞争力，同时强化非营利体育组织的培育，在此基础上提出了成都国家体育产业基地发展的目标和重点发展项目。"[2]李秦宇在《成都体育产业基地研究》中概述了国家体育产业基地的发展情况，总结分析了成都国家体育产业基地的主要特征："一是政府的支持为体育产业基地发展提供保障；二是体育产业集群与体育产业基地之间的互动关系；三是体育产业基地对当地的政治、经济、文化的影响；四是体育产业基地强化中介机构建设。"[3]成都国家体育产业基地作为西部第

---

[1] 闻扬，刘霞. 成都市体育产业发展问题与对策研究[J]. 成都体育学院学报，2009(3)：45-47.
[2] 程林林，袁春梅. 成都国家体育产业基地发展的思考[J]. 搏击，2011(1)：1-4.
[3] 李秦宇. 成都体育产业基地研究[J]. 经营管理者，2014(3)：121.

第一章 文献综述与理论基础

一个国家体育产业基地，其发展特点较为典型，是国家主导而设立的体育产业基地之一，对其他国家体育产业基地的发展具有较大的借鉴作用。晋江国家体育产业示范基地作为设立较早、体育鞋服制造业发展较为完善的国家体育产业基地，对其研究也较为丰富，以一些硕士论文及期刊研究为主。如林靖楠在其硕士论文中，首先界定了国家体育产业基地概念及探讨了全国国家体育产业基地空间分布特征；其次，以晋江国家体育产业示范基地为例进行了产业集聚测度，研究发现晋江市体育产业高度集聚，且高于全省及全国平均水平，但近年来产业集聚度有下降趋势，晋江市地区经济发展水平和体育产品生产能力对晋江市体育产业集聚存在显著影响；最后，提出了国家体育产业基地建设的意见[①]。本研究做到了理论与实践相结合，是实证分析部分借鉴的主要对象之一。赵少聪等则通过对福建晋江国家体育产业示范基地进行调研，发现相关体育产业政策及基础为体育用品制造业服务转型提供了条件，但存在资金短缺、自主研发能力弱、高端复合型人才缺乏、产业生态不完善等制约因素，提出理念创新、科技创新、利用"互联网+"、完善人才工程及优化经营环境等多维度协同推进体育用品制造业服务化转型的策略[②]。由于一些县域国家体育产业基地设立逐渐增多，针对这类国家体育产业基地的研究也就逐渐增多。如伍庆的硕士论文《县域地区体育产业发展模式研究——以苏南国家体育产业基地为例》，是一篇典型的关于县域国家体育产业基地发展的个案研究，文中详细分析了江阴、昆山、溧阳等地体育产业发展情况，概括出了苏南国家体育产业基地的发展模式为"政府主导、企业参与、社会服务"[③]，并分析了其发展模式特点及影响因素，在此基础上提出了苏南体育产业基地体育产业发展趋势与对策。谭震皖针对江阴体育产业的发展进行了更为细致的研究分析，在文中分析了江阴体育用品制造业、体育彩票、体育竞赛表演业、体育服务业等发展的状况，分析了江阴体育产业发展的优势和存在的问题；并展望了发展前景，希望能够立足国家体育产业基地，抓住机遇，积极整

[①]林靖楠. 国家体育产业基地产业集聚特征及其集聚水平测度研究[D]. 福建：华侨大学，2017.
[②]赵少聪，杨少雄，郭惠杰. 福建省体育用品制造业服务化转型困境与路径研究——以福建晋江国家体育产业基地为例[J]. 福建师范大学学报：哲学社会科学版，2018（4）：15-23.
[③]伍庆. 县域地区体育产业发展模式研究——以苏南国家体育产业基地为例[D]. 南京：南京师范大学，2015，6.

19

合资源，进而成为江阴市新的经济增长点[1]。从对苏南国家体育产业基地的分析来看，苏南具有较好的经济基础和市场基础，但政府的工作力度、体育产业与其他产业的融合程度还不够高，政府的规划引领作用还没有完全发挥出来，缺少规划，获批国家体育产业基地的时间还较短，还应引起政府的足够重视，继续挖掘体育资源，进而得到更多发展机会。虽然关于县域及一些各省市级国家体育产业基地的相关研究越来越丰富，但大多集中在硕士论文及一些普通刊物上，研究的深度与质量普遍较低，研究的同质性、重复性问题较多，因此，本研究中没有作为主要参考文献，仅阅览了其研究内容，辨识其中有用的信息、资料等。

整体上看，对于国家体育产业基地发展的专门研究还比较少，研究较为深入的、分析较为透彻的更少。但相关专门研究也呈现逐渐增多且质量不断提高的趋势，高质量研究也不断呈现。如林向阳等在《国家级体育产业基地建设研究》中，简述了深圳、成都国家体育产业基地的建设情况，着重分析了晋江国家体育产业示范基地的发展经验——"从发展产业集群到培育产业基地"[2]；陈林会等则在阐述体育产业园区的内涵和功能的基础上，认为体育产业园区建设和运营存在政府过度参与、跟风建设和盲目建设、产业集群化程度不高、产业关联度不高、产业定位不清等问题，并提出加强人才队伍培育、强化园区运营制度建设、提升园区服务水平和吸纳社会资金参与园区建设等建议[3]。"党的十八大"以来，国家体育产业基地在地域分布上与国家三大战略布局所覆盖区域高度契合，正在向多层次、多范围、立体化的新格局延伸。邢尊明等在《国家体育产业基地：实施进程、特征分析与推进策略》中针对当时的六大国家体育产业基地，分析了国家体育产业基地的综合特征，分别介绍了六大国家体育产业基地良好的体育产业基础、均衡的布局与综合辐射效应，分析了六大产业基地体育产业集聚属性与定位，探讨了六大产业基地体育产业集聚的途径及特征[4]，是对当时国家体育产业基地相关理论、发展状况、特征等最为深入的研究，

---

[1] 谭震皖. 江阴体育产业现状研究 [J]. 体育文化导刊, 2016 (1): 123-127.
[2] 林向阳, 周红妹. 国家级体育产业基地建设研究 [J]. 武汉体育学院学报, 2008, 42 (8): 54-48.
[3] 陈林会, 郑宇. 我国体育产业园区建设现状与对策建议 [J]. 中国经贸导刊, 2012 (5): 6-7.
[4] 邢尊明, 程一辉, 崀伟, 等. 国家体育产业基地：实施进程、特征分析与推进策略 [J]. 体育科学, 2014, 34 (1): 64-67.

为其他研究者提供了一些理论参考与研究借鉴。在国家体育产业基地设立十年之际相关研究逐渐呈现增多趋势，旨在探讨国家体育产业基地发展的经验、贡献与教训等。如仇飞云通过回顾国家体育产业基地设立十年的发展历程，认为其发展经验主要有"注重资源整合、融合发展；注重政策协调及顶层设计；注重平台搭建及协调合作；注重创新机制，延伸产业链条等"；主要存在的问题是"政府产业政策呈现无效性；政府在产业链形成中表现失灵；潜在市场经济效益不够、投融资机制有待创新等。"[①]冯建强等在《基于产业集群理论的国家体育产业基地发展研究》中论述了成都、深圳、晋江等国家体育产业基地的发展现状，主要从地理位置、产业基础、产业环境、产业市场等方面对于国家体育产业基地的发展优势进行了分析[②]。温阳等则在全面梳理和深层揭示国家体育产业基地对地方宏观发展水平和拉动效应，以及对其存量规模结构与增长能力的影响等分析的基础上，提出从扩大产业规模、提高产业品质和加大公共服务等方面促进国家体育产业基地发展的建议[③]。国家体育产业基地地位不断提升，作用不断凸显，相关布局不断合理，基本形成了顶层设计的三种基地类型，体育产业发展体量初具规模、产业增长速度上升明显、产业基础不断夯实，呈现出产业集聚效应、投资拉动效应、产业优化作用凸显的基本特点，取得较为明显的成效。随着新时代产生的新诉求、形成的新发展，迫切要求国家体育产业基地克服诸多瓶颈，进一步实现规模扩容、推进提质增效、提升基础工作能力[④]。

综上所述，从现有的文献资料来看，对于国家体育产业基地的专门研究数量较少，研究质量不高，以现状描述性研究为主，主要以各国家产业基地的基础资源、地理分布、发展困境等质性研究为主，实证的分析较

[①] 仇飞云. 国家体育产业基地发展历程及经验研究［J］. 南京体育学院学报：自然科学版，2016，15（6）：126-129.

[②] 冯建强，陈元香. 基于产业集群理论的国家体育产业基地发展研究［J］. 生产力研究，2016（3）：68-70，79.

[③] 温阳，徐光辉，李桦，等. 论国家体育产业基地对经济社会发展的贡献［J］. 南京体育学院学报，2018，1（6）：9-20，2.

[④] 姜同仁，张林，王兆红，等. 中国国家体育产业基地发展态势与新时代的前景展望［J］. 天津体育学院学报，2018，33（4）：277-285.

少，且由于相关数据获得的滞后性及数据的缺失性导致一些研究的可信度较低，相关研究方法的解释力也较弱，并没有深入探究国家体育产业基地形成的内在机制。随着国家体育产业基地数量的不断增加，各国家体育产业基地的发展模式很多都无法复制，还是一种"摸着石头过河"的尝试。因此，对于国家体育产业基地的研究还需进一步深入和多元化研究，深入探讨其产生与发展的背后机制及阻碍其进一步发展的机制体制障碍等，更好地发挥其示范、辐射、集聚、拉动等效应，进而为促进体育产业健康持续发展做出更大贡献。

三、国家体育产业基地产业集聚研究

从前文概念界定来看，一般认为体育产业基地是产业集聚与产业集群发展的高度化或高级阶段，因而，体育产业集聚与产业集群研究应先于体育产业基地研究，并且也应是国家体育产业基地研究的重点。然而，通过文献资料的梳理发现，体育产业集聚或产业集群相关研究较为丰富，国家体育产业基地产业集聚与集群直接、专门的相关研究并不多见，但为国家体育产业基地相关研究奠定了理论基础，对阐释国家体育产业基地建设的机制等具有重要的借鉴意义。受我国体育产业结构发展不平衡的影响，体育用品产业集聚与集群相关研究较早且较为丰富。研究发现我国体育用品产业集群主要集中在沿海开放地区，主要围绕体育用品产业的集聚或集群现状、特点、具备的优势条件[1]、内涵、特征、形成路径、产业类型与分布[2]、影响因素[3]等方面展开，体育用品产业集聚或集群区域相关体育用品企业主要以某一种产品的生产、研发、销售等为主，呈现产业布局专业化、产品生产集约化、生产协作社会化等特点，基本形成了"一镇（乡）一品"的产业经营格局，产业集群具有规模、成本、信息、创新、区域品

---

[1] 席玉宝，刘应，金涛. 我国体育用品产业集群的现状与发展研究[J]. 体育科学，2005（6）：22-25.

[2] 杨明，郭良奎. 我国体育用品产业集群发展及政府政策研究[J]. 体育与科学，2007（3）：27-30，8.

[3] 潘瑞成，刘睿君. 体育产业集群影响因素的实证检验[J]. 统计与决策，2018，34（17）：112-115.

牌、产业政策与环境等发展优势，但也存在产业经营环境恶化、产品集群水平不高、规模不大、种类单一、产业处于价值链低端、政府职能缺失导致盲目发展等问题。针对这些问题，本研究提出政府应针对性地制定、实施一系列促进我国体育用品产业集群发展的政策，注重政府作用发挥、人才优势培养、区位优势释放、产品研发及产业链延伸等发展策略。随着对体育产业集聚与集群相关研究的不断深入，体育产业集聚测度、体育产业集群形成机制等相关研究逐渐出现，如王良健等利用全国31个省（市、区）2003—2009年体育产业数据，采用信息熵、行业集中度、区位基尼系数、空间分离指数、区位商和核（Kernel）密度估计对我国体育用品制造业和体育服务业的集聚程度进行定量研究，结果发现，"我国体育用品制造业集聚程度很高，属于高度集中类型；我国体育服务业集聚程度较高，属于相对比较集中类型；从各个指数和Kernel密度估计结果来看，我国体育用品制造业的产业集聚程度整体要高于体育服务业，体育用品制造业的低水平地区和高水平地区之间的差距较体育服务业要大很多。"[1]陈颀则利用行业集中度、空间基尼系数、HHI及N指数等指标，对2003—2009年我国六大类体育用品制造业的产业集聚度进行了测度，并就各类体育用品制造业的产业集聚水平与国民经济增长的相关性进行了探讨。研究发现，我国体育用品制造业、球类制造业、体育器材及配件制造业、训练健身器材制造业、运动防护用具制造业与其他体育用品制造业在某一（几个）地区的产业集聚度均较高，主要分布于广东、山东、江苏、浙江、福建及上海等省份和直辖市，但整体上体育用品制造业在全国范围内的产业集聚度仍非常低；近7年间运动防护用具制造业、体育器材及配件制造业和其他体育用品制造业的产业集聚度增幅明显，波动性较大，而体育用品制造业与训练健身器材制造业的增幅较小，演变轨迹较为平缓，仅球类制造业的产业集聚度出现负增长[2]。邹玉享则使用中国18个省（区、直辖市）2001—2010年的相关数据，以全国体育用品制造业就业人数和各省（区、直辖市）体育制造业区位商水平为指标，对中国体育产业集聚水平的空间分布特点及其时

---

[1] 王良健，弓文，侯鹿怀. 我国省际体育产业集聚水平测度及动态演进研究[J]. 北京体育大学学报，2012，35（10）：29-34.
[2] 陈颀. 中国体育用品制造业产业集聚度及演变趋势的实证研究[J]. 南京体育学院学报：社会科学版，2013，27（5）：57-62.

间演进趋势进行了实证研究。研究发现，中国体育产业集聚水平呈现出明显的空间非均衡特征；东部地区和中部地区的体育产业集聚水平都有所下降，与东部地区相比，中部地区下降的趋势更为明显；Kernel密度估计表明，2001—2010年，中国体育产业集聚水平的地区差异逐渐下降，东部地区与中部地区的体育产业集聚水平都在逐步缩小；马尔可夫（Markov）链分析结果揭示的低组建流动性说明中国体育产业集聚水平具有相对的稳定性[①]。宋昱通过文献研究、逻辑分析和比较分析，基于产业集聚和集群理论视角，结合演化经济学理论思路，探讨了1994—2012年的体育职业化、市场化进程中体育产业集聚与集群演化的理论基础与逻辑框架，研究发现，体育产业的集聚发展与集群演化既是区域体育产业优化发展的必然选择，又将促进区域体育产业乃至整个国家体育产业的转型发展[②]。汪艳等从空间关联视角出发，基于我国22个省2003—2015年体育用品业数据，选择空间基尼系数、产业地理集中度、区位商测度其集聚水平，利用探索性空间数据分析（ESDA）和时空跃迁法对其集聚水平的动态演化特征进行分析。研究发现：我国体育产业呈现出较显著的空间集聚特征，考察期间有一定波动；该产业集聚水平呈现较强的空间相关性，且在时间维度上呈现增强的趋势；这种空间效应会随地理距离的增加而衰减；时空跃迁测度发现该产业集聚水平空间关联模式存在较强的路径锁定特征；提出为促进区域间体育产业协同发展，应促进区域间生产要素的流动和空间溢出效应发挥，引导区域间的产业有序转移，同时也应尊重区域间空间关联的差异性，结合区域优势进行差异化产业布局、非均衡发展[③]。李海杰等基于中国大陆31个省（市、自治区）2016年的体育产业相关数据，通过数据网络分析和区位商分别测算了我国体育产业投入产出效率和空间集聚水平，并运用空间计量模型探索了影响体育产业效率的因素，继而检验了体育产业空间集聚水平对产业效率的空间效应。研究发现，体育产业效率在空间上存在显著的

[①] 邹玉享.中国体育产业集聚水平的空间分布及其演进趋势[J].统计与决策，2014（8）：137-139.

[②] 宋昱.中国体育产业的集聚进展与集群演化探论（1994—2012）[J].西安体育学院学报，2015，32（1）：1-10，21.

[③] 汪艳，王跃，殷广卫，等.空间关联视角下体育产业集聚的时空演化研究——基于ESDA的实证[J].西安体育学院学报，2018，35（3）：281-288.

集聚现象，体育用品制造业总资产集聚、体育用品制造业平均用工人数集聚、体育企业法人单位从业人员集聚对体育产业效率的提高作用不显著，而体育企业法人单位总资产集聚对体育产业效率有明显提高作用；此外，某一地区与体育产业效率相关的误差，会传递给邻近周边地区，并抑制后者体育产业效率的提高，并针对高—低（HL）体育产业效率集聚区与低—低（LL）体育产业效率集聚区，分别提出了中心—外围、"飞地经济"发展模式[①]。由此，可以看出体育产业集聚与集群相关实证研究较为丰富主要采用了可观测到的数据，通过空间基尼系数、产业地理集中度、区位商、Kernel密度估计等测度其集聚水平，并分析空间集聚效果，提出相关发展建议与策略，为本研究测度国家体育产业基地集聚、集群情况提供了可供借鉴的方法与理论基础。然而，对于产业集群形成机制的研究并不多见，梳理发现方春妮相关研究对此有所探讨，其研究认为区域体育产业集群的形成主要依赖于区域体育产品自身优势、区域经济基础、社会结构、产业构成与发展、人们消费水平、人才培养提供、现代信息技术应用等基础条件与历史机遇，体育产业集群的形成是多个主体，包括企业、政府、大学、科研机构、中介服务机构等共同发挥作用的结果[②]。由于我国区域差异较大，体育产业集聚与集群的产生与发展具有较大的区域差异，因而，针对不同区域体育产业集群的研究较多，如以晋江运动鞋服产业集群的研究、中部地区体育产业集群研究，以及江苏、浙江、河南、江西等省份体育产业集聚及集群发展研究。蔡宝家等以福建省晋江运动鞋产业集群为实证对当时我国体育用品产业发展现状进行调查与分析。研究发现，由于我国体育用品企业多属中小型，规模小、产品科技含量低、管理水平低、营销网络不完善等原因，造成体育用品产业缺乏国际竞争力；体育产业的集群具有降低交易成本、拥有创新技术、形成区域品牌、降低企业风险、共享区域政策与环境等优势[③④]。黄卓等对我国中部地区的体育用品产业集群配套

---

① 李海杰，邵桂华，王毅. 我国体育产业集聚对产业效率的影响研究[J]. 天津体育学院学报，2019，34（6）：512-520.

② 方春妮. 区域体育产业集群形成机理研究[J]. 湖北体育科技，2012，31（2）：166-168.

③ 蔡宝家. 区域体育用品产业集群实证研究[J]. 上海体育学院学报，2006（1）：31-34.

④ 蔡宝家，林珍瑜，唐文玲，等. 我国中小体育用品生产企业产业集群集聚研究——以福建晋江运动鞋产业集群为实证[J]. 北京体育大学学报，2006（10）：1316-1318.

发展问题进行研究，认为在政府的支持下，中部地区体育用品产业集群已渐成体系，培植的体育用品产业基地使产业集群效应不断加强；但存在产业基地规模小、层次低，产业集群内部缺乏协调管理等问题；提出中部地区应充分发挥政府的引领作用，加快产业集群配套发展的对策[①]。胡用岗运用文献资料法对长三角地区的体育用品制造业市场主体构成和产业结构进行了分析，并构建了区域体育用品制造业集聚效应模型，对长三角地区体育用品制造业的集聚水平与专业化程度进行了定量分析。研究认为江苏与上海的体育用品制造业外向型经济特征明显，体育用品分布相对均衡，而浙江省的内资企业发挥主导作用，其体育用品集中于运动鞋、帽、包等；浙江的体育用品制造业集聚效应最高，竞争优势较为明显，而江苏和上海的集聚效应较低，进一步提升的空间大[②]。王加益以浙江省为例对我国民营中小型体育用品制造业集群进行了研究，研究认为浙江省民营中小型体育用品制造业在产业集群发展中面临成本优势弱化、区域品牌不强、同行竞争无序、集群创新不足、外资引入少等阻碍集群升级与发展的问题；进而提出"以民引外，民外合璧"，促使集群从"资源消耗型"的生产制造基地向"资源节约型"的创新基地转变；优化服务环境，促进集群发展；积极创新，构建集群核心竞争力；集合集群力量，加强区域品牌建设等对策[③]。王建等研究认为江西省体育产业进行集群发展既具备区位优势、科技优势、良好的发展机遇及一定的产业基础，又存在体育产业区域差异较大、体育产业结构失衡、周边省份体育产业的威胁等劣势，进而提出"已有基础带动型""科技推动型""区域品牌聚集型"等发展路径，并给出一些促进江西省体育产业集群发展的对策[④]。河南体育产业集聚区建设将带动体育旅游、体育用品制造和流通、体育竞赛表演、健身休闲、体育传媒等领

[①] 黄卓，周美芳，程其练，等. 中部地区体育用品产业集群配套发展的现状及对策 [J]. 体育学刊，2009，16（11）：32-35.

[②] 胡用岗. 长三角体育用品制造业产业结构与集聚水平研究 [J]. 体育文化导刊，2015（11）：115-120.

[③] 王加益. 我国民营中小型体育用品制造业产业集群发展研究——以浙江省为例 [J]. 北京体育大学学报，2009，32（11）：15-19.

[④] 王建，韩建磊. 江西体育产业集群发展策略研究 [J]. 江西社会科学，2011，31（12）：244-247.

域的快速增长，同时对广播电视、旅游、会展、商业、建筑、新闻出版、电子竞技等产业具有显著拉动和辐射作用[①]。王芒运用文献资料、逻辑分析和比较研究等方法，在对产业集群的定义、效应和特征分析的基础上，深刻剖析了西方发达国家两个产业集群发展的案例，借鉴他们的经验，为促进东北冰雪体育旅游产业的发展和提高东北区域竞争力，认为以"龙头"企业为核心、以中心城市为支点、以国际知名品牌企业进入为契机等是建构东北冰雪体育旅游产业集群的战略路径[②]。综上，体育产业集聚与集群研究较为丰富，以实证研究为主，并依据相关数据与统计方法针对不同区域体育产业集聚与集群情况进行测度。这虽然为我国体育产业集聚或集群发展提供了可借鉴的意见或建议，但对我国各地产业集聚与集群发展的相关机制等研究还不够系统与深入。

虽然关于体育产业集聚、集群的相关研究较为丰富，但直接与国家体育产业基地产业集聚或集群的研究则较少。通过文献资料的查阅，从题目中能够判断出关于国家体育产业基地产业集聚或集群的研究，主要集中在一些硕士论文中，由于方法与理论等具有较大的同质性，本研究选择了一些较早且相对较为创新的研究成果作为参考。如邢鸿在其硕士论文《产业集群理论视角下国家体育产业基地发展研究》中对国家体育产业基地的产业集群进行了分析，认为"政府作用、资源禀赋和价值驱动、产业特征、产业要素、区域地理位置是国家体育产业基地形成归因；国家体育产业基地的形成动力机制包括自发形成的国家体育产业基地、外生力量形成的国家体育产业基地和共同力量形成的产业集群；国家体育产业基地集群效应分为拉动效应、推动效应和扩散效应三方面。"[③]从产业集群的角度分析了现阶段国家体育产业基地存在的问题，并提出了国家体育产业基地发展的策略。李程程在其硕士论文《产业集群视角下富阳体育产业发展研究》中，对富阳国家体育产业基地产业集群进行了分析，认为"富阳体育产业已初具集群发展规模，为县域社会经济的发展做出了一定的奉献，但体育产业集群效应仍未得到充分发挥"，并提出"应用产业集群理论探索富阳

---

① 高海潮.河南省特色体育产业集聚区建设研究[J].体育文化导刊，2013（4）：110-113.
② 王芒.体育产业集群与东北冰雪体育旅游产业集群的建构研究[J].沈阳体育学院学报，2011，30（3）：17-21.
③ 邢鸿.产业集群理论视角下国家体育产业基地发展研究[D].北京：北京体育大学，2013.

体育产业的基本结构和布局，揭示富阳体育产业形成的机制，全面提高富阳体育产业的核心竞争力，充分发挥区域品牌与区域资源的系统性优化配置作用，提高富阳体育产业的品牌意识和经营水平"[①]，进而充分发挥产业集群优势，将体育产业培育为富阳的支柱产业。两篇硕士论文，一篇是在宏观上从产业集群的视角对国家体育产业基地的体育产业发展进行了分析。对当时的6个国家体育产业基地的现状进行了分析，总结了国家体育产业基地发展的经验，从产业集群视角分析了国家体育产业基地产业集群的归因、动力机制、集群效应等，提出了当前阶段国家体育产业基地发展存在的问题，并探索了产业集群视角下的国家体育产业基地发展策略。论述可谓非常全面，为其他研究者的研究提供了宝贵的参考资料，具有较大的借鉴意义。另一篇则针对富阳体育产业。虽然没有明确定义为富阳国家体育产业基地，但论述中提到依托富阳体育产业基地发展，利用体育产业基地进行体育产业的集聚与发展，发挥其龙头作用，这可以说是一篇关于国家体育产业基地体育产业集群的个案研究，为其他体育产业基地的研究与发展提供了一些参考。另外，一些重要的会议中也涉及国家体育产业基地集聚相关问题。如在第三届全国体育产业会议上程林林的《产业集群视域下的体育产业基地研究》、袁春梅的《基于产业集群的成都国家体育产业基地发展途径探讨》、林向阳等的《基于产业集群视角国家级体育产业基地建设研究》，这三篇报告中都提到了体育产业集群对国家体育产业基地发展的重要性，从不同角度分析了提高国家体育产业基地产业的集群程度及产业基地产业竞争力，进而促进体育产业更为健康快速的发展，可以说是一种研究导向。冯建强等在《基于产业集群理论的国家体育产业基地发展研究》中在对产业集群理论分析的基础上，从产业集群视角认为我国国家级体育产业基地发展中存在的不足主要是"缺乏丰富的国家体育产业基地形式、缺乏国家政府对国家体育产业基地的整体部署和规划、缺乏国家体育产业基地的相应政策、国家体育产业基地的服务业发展较慢、国家体育产业基地建设工作还未完成；产业集群视角下国家产业基地的发展措施是对我国体育产业基地的建设进行科学合理的部署与规划、加强政府管理，以及部门间的合作、制定完善的法律法规、加强国家体育产业的人才

---

① 李程程.产业集群视角下富阳体育产业发展研究［D］.杭州：杭州师范大学，2010.

培养。"[①]其分析是关乎我国现阶段国家体育产业基地存在的客观实在,但对产业基地产业集群的分析较少。从这几篇文献资料看,都是在产业集群的视角下来审视国家体育产业基地的发展情况,对国家体育产业基地内产业集群情况的分析较少,这也说明现阶段对国家体育产业基地内的相关调研实践研究较少,只是在理论上进行分析。因此,国家体育产业基地产业集聚与集群相关研究仍需在调研实践的基础上,不断深挖国家体育产业基地内部产业集聚与集群情况,阐释其形成的背后机制,为其他产业基地发展提供借鉴。

四、国家体育产业基地产业竞争研究

目前,专门论述国家体育产业基地产业竞争力情况的研究极少,这可能与国家体育产业基地制度确立的时间较短、在不断发展变化中、很多研究数据等很快就会过时有关,但关于体育产业竞争力方面的研究相对较为丰富。通过文献资料的查阅与整理发现,关于体育产业竞争方面的研究主要基于"钻石模型"理论进行定性分析。这些研究虽然大多没有直接针对某个或某几个国家体育产业基地产业竞争情况进行研究,但其研究方法、思路等为研究国家体育产业基地产业竞争情况提供了借鉴与参考。齐健麟等在研究中采用波特的"钻石"模型,在"生产要素条件""需求条件""相关及支持性产业""企业战略、组织结构与竞争情况""政府""机会"等方面对中国体育用品产业的竞争力进行了分析,结果发现,"中国体育用品产业的生产要素具有劳动力优势,但科研能力不足;国内需求增加,但高端市场基本被国外知名品牌占领;产业链不完整,无法形成产业群;国内产业竞争以价格竞争为主,研发不足,抄袭模仿现象普遍。"[②]其分析结果与现阶段国家体育产业基地的发展情况较为吻合,但仍缺少一些新的数据支撑。卢金逢等在研究中将区位因素、人口因素、经济因素、技术因素作为影响区域体育产业竞争力的主要因素,在波特"钻石模型"理论基础上"对我国区域体育产业竞争力进

---

① 冯建强,陈元香.基于产业集群理论的国家体育产业基地发展研究[J].生产力研究,2016(3):68-70,79.
② 齐健麟,郑志强.中国体育用品业的产业竞争力探析[J].体育学刊,2006,13(4):26-28.

行系统分析，并对北京、安徽、辽宁、云南、上海、广东、江西、内蒙古8个省（自治区、直辖市）2000—2005年经济社会发展相关指标，运用因子分析法、主成分分析法对区域体育产业竞争力进行实证分析，得出当前我国体育产业竞争力可以划分为三个层次，即体育产业竞争力强劲地区（北京、上海、广东）、体育产业竞争力中等地区（辽宁）、体育产业竞争力落后地区（江西、内蒙古、安徽、云南）"[①]。这一研究为其他研究者提供了一种实证研究方法，对国家体育产业基地产业竞争力的研究具有一定的借鉴意义。赵世伟以波特的"钻石模型"为基础，"从产业规划定位、自身资源优势、体育产业支撑、目标消费群体、政府相关支持五个方面，构建我国体育产业基地竞争力评价指标体系"[②]，这也是对国家体育产业基地产业竞争力专门的研究之一。另外，《体育产业基地竞争力评价研究：基于广东省21个地级市的实证分析》一文，也是在波特"钻石模型"基础上，提出了体育产业基地竞争力分析框架，构建了我国体育产业基地竞争力评价指标体系，并"通过选择广东省21个地级市2013年经济、体育、社会发展数据，采用因子分析和主成分分析方法对体育产业基地竞争力进行实证分析，实现体育产业基地竞争力的定量评价。其研究认为产业基地的竞争力主要体现在体育产业的竞争力，以及体育产业基地的生产要素、需求、产业、政府行为等状况，将对产业基地竞争力产生直接影响"[③]。这一结论为其他产业基地产业竞争力定量研究提供了一种方法，也是较少的关于国家体育产业基地竞争力的研究。董晓春[④]等基于"钻石模式"提出了提升我国体育产业竞争力的政策研究，主要体现在"制度建设""完善产业结构""改善产业内需条件""大力发展相关产业""推动产业集群发展"等方面，致力于构建我国体育产业政策体系，以提升体育产业的

[①] 卢金逢，倪刚，熊建萍. 区域体育产业竞争力评价与实证研究体育科学［J］. 体育科学，2009，29（6）：28-38.

[②] 赵世伟. 我国体育产业基地竞争力评价指标体系研究［J］. 惠州学院学报：自然科学版，2015，35（3）：81-87.

[③] 赵世伟. 体育产业基地竞争力评价研究：基于广东省21个地级市的实证分析［J］. 首都体育学院学报，2015，27（6）：493-499，515.

[④] 董晓春，郭玉良. 基于"钻石模型"提升我国体育产业竞争力的对策研究［J］. 沈阳体育学院学报，2012，31（1）：20-23.

竞争力，是一种定性研究，从政策层面作为主要突破口，但整体感觉有一定的重复。张林玲在"双钻石模型"的基础上，从物质生产要素、市场需求、体育相关和支持性产业、企业的战略、结构和竞争对手、政府和机遇、人才要素等方面对四川省体育产业竞争力进行了较为全面的分析，认为"从现代竞争理论的角度来看，四川省体育产业竞争优势在于体育人口众多，政策环境较好，体育服务在体育产业体系中所占比重较大，有国家级体育产业基地，竞技体育成绩较好，有举办重大体育赛会的经验；竞争劣势在于体育人才匮乏，体育企业弱小，体育场地紧缺，体育产业总体规模较小。[1]"郭惠杰等以GEM模型为基本分析框架，构造体育用品产业集群竞争力评价的二级指标体系，运用层次分析法确定各个指标权重，通过文献资料法、访谈法、问卷调查法等方式对江、浙体育用品产业集群竞争力进行研究。结果发现，江、浙体育用品产业集群竞争力在全国范围处于中等水平，还存在较大提升空间[2]。郑美艳等通过文献资料、类比论证等研究方法，指出集群核心能力传统评价模型——钻石体系与GEM模型的局限之处，进而提出改进和借鉴原则，同时引入国际体育产业集群项目典范案例，以此为基础构建了一个全新的评价指标体系，为我国体育产业集群核心能力有效管理提供依据和参考。其研究不局限于产业集群核心能力传统评价模型的藩篱，首先创新性地构建了我国体育产业集群核心能力评价模型，其次给出了评价主体选择的中肯建议，最后指出实际工作中容易被忽视的评价数据有效解读的问题，以崭新的思路抓住历史赋予中国体育产业集群发展的机会[3]。钟楠等利用层次分析法测算出了各个指标所占的权重，并利用GEM模型对基础、企业、市场三个因素进行了计算，给出了重庆市休闲体育产业集群竞争力的得分[4]。通过上述研究可见，国家体育产业基地

---

[1] 张林玲.四川省体育产业竞争力研究——基于双钻石模型[J].四川体育科学，2015，34（1）：109-112，121.
[2] 郭惠杰，林竞君，王东升.基于GEM模型的体育用品产业集群竞争力研究——以江、浙两省为实证[J].武汉体育学院学报，2011，45（11）：58-62.
[3] 郑美艳，王雪峰.我国体育产业集群核心能力评价体系研究——基于改进传统模型的视角[J].山东体育学院学报，2014（4）：11-16，47.
[4] 钟楠，张庆建.基于GEM模型的重庆市休闲体育产业集群竞争力研究[J].改革与战略，2011，27（11）：137-139.

产业竞争力相关研究还比较少，还需要在调研、实践的基础上不断地充实国家体育产业基地产业竞争力的相关研究。目前研究方法较为单一，主要是基于"钻石模型"的一种定性分析，因此还需要进一步探索适合我国体育产业基地产业实情的产业竞争力研究方法，进而为其他国家体育产业基地产业竞争力的提升提供一些借鉴和参考，促进体育产业基地的发展。

综上，从现有的文献资料来看，针对国家体育产业基地的专门性研究还比较少，在相关研究中主要借鉴了其他产业发展的一些理论和实践经验；针对国家体育产业基地的相关实证研究还比较少，主要原因是一些统计数据仍不完善。但随着大数据时代的到来、国家体育产业基地的不断发展，使人们逐渐关注国家体育产业基地的建设与发展，相关研究也将呈现上升趋势。整体上说，国家体育产业基地相关研究还停留在理论建设层面，主要针对国家体育产业基地的概念界定、内涵外延、理论基础、产业属性等方面进行的探索与研究，相关发展情况跟踪调查与研究几乎没有，这也对研究的价值与意义提出了质疑。从不同研究者的概念内涵比较看，存在国家体育产业基地、体育产业集群、体育产业集聚、体育产业园区等概念相互指代的逻辑混乱；从概念界定的衍生路径看，以"体育"概念词汇转换为特点的概念移植色彩浓厚；从学术的主体观察，以"国家体育产业基地"为稳定、独立或主要研究对象的学者罕见。国家体育产业基地是推动我国体育产业整体发展、提升体育产业国际竞争力的有力抓手，是实现我国体育产业"跨越式"发展的重要方式。国家体育产业基地是这一发展体系中，推动我国体育产业发展最具效率的"经济单元"之一。因此，下一阶段国家体育产业基地研究应致力于产业基地发展建设情况的分析与研究、跟踪与调查，以纵向与横向相结合的方式来研究分析国家体育产业基地的发展情况等。

第二节 国家体育产业基地研究的理论基础

国家体育产业基地的建设与发展离不开相关基础理论的发展与创新，在基地发展建设中应当厘清产业基地与其他产业集聚形态的关系，充分认识国家体育产业基地体育产业集聚情况，进而对国家体育产业基地的概念及逻辑内涵能有较为清晰的认识。各地产业基地政策，可以说是对国家体育产业基地建设的理论创新，各基地因地制宜，致力于为基地发展创造健康、科学的发展环境。本章在对国家体育产业基地相关概念辨析的基础上，从产业集聚视角对国家体育产业基地进行学理界定，针对各地产业政策进行总结分析。

一、国家体育产业基地形成的理论基础研究

国家体育产业基地作为一种政府行为，其形成与发展离不开经济学相关理论研究。通过查阅文献资料得知，多数学者认为产业集聚与产业集群理论是体育产业基地形成的重要基础理论，在产业集聚的基础上逐渐形成产业集群，而在产业集群的基础上才产生了产业基地。现阶段关于国家体育产业基地的研究还较少，但关于体育产业相关的研究较为丰富，其中体育产业集聚相关的研究较少，更多的是关于产业集群的研究，这也是由于这两个概念太为接近，而产生的一些误解，导致许多研究者将产业集聚与产业集群混用，认为这两者是一回事，只是在翻译上存在差别。

邢鸿等在国家体育产业基地相关概念辨析中论述到："产业集聚主要研究产业的空间分布形态，注重产业从分散到集中的过程。产业空间集聚可以形成产业集群，但不是所有的产业集聚都可以形成产业集群。产业集聚仅仅是地理位置上的临近，而产业集群除了地理临近外还需要产业的组织临近、制度临近和社会临近。只有在地理集聚的基础上，做到分工的高度专业化和跨产业发展，体育企业间建立起紧密的社会网络关系，才能形成体育产业集群。虽然有的体育产业集聚在一起，但是相互之间没有联系，就不能形成体育产业集群。"[1]可以说，将产业集聚与产业集群的关系分析得比较清晰，两者既有联系，又有区别。

林向阳等将产业基地界定为"相互有联系的公司及机构集聚的特定领域或在一定区域内建立的具有配套环境、布局相对集中的企业集群地带，是产业集群发展的高级化"[2]。从界定中可以看出，产业基地是产业集群

---

[1] 邢鸿.产业集群理论视角下国家体育产业基地发展研究[D].北京：北京体育大学，2013.
[2] 林向阳，周红妹.国家级体育产业基地建设研究[J].武汉体育学院学报，2008（8）：45-48，70.

发展的高级化，也就是说，产业基地是产业集群发展到一定程度的产物，同时，也指出了产业基地是由产业集群发展而来。邢鸿在论述中提到"产业基地之所以高于产业集群，其实质是产业集群发展比较成熟，而且需得到政府的认可；产业基地也必须是产业集群，并具有产业集群的一些特征"，由此，也可以得出产业基地的形成是产业集群发展的结果。因此，产业基地产生与发展的理论基础首先是产业集聚理论的发展，其次在产业集聚发展到一定阶段时提出产业集群理论，最后在产业集群理论的基础上逐渐形成产业基地。

综上所述，国家体育产业基地形成与发展的主要理论依据是产业集聚理论与产业集群理论，结合体育产业的发展，可以说成是体育产业集聚与体育产业集群理论为国家体育产业基地的形成奠定了理论基础。

二、国家体育产业基地的相关概念辨析——政府优势维度

"国家体育产业基地"作为一种国家层面以政府统筹为核心和优势的、法定性的重大制度设计，既是促进体育产业集中区向产业集群发展的有效制度载体，也是提升国际体育产业竞争力的战略性方式。从国家体育产业发展战略层面观察，以全国体育产业集聚区的科学辨识及系统描述为基础参照，与全国体育产业发展梯度有序对接的"国家体育产业基地"的宏观合理布局是实现"国家体育产业基地"整体拉动效应和制度绩效的关键。然而，通过对有关体育产业制度文件、发展规划、政府工作报告、相关领导讲话、学术文献及媒体报道文本等内容的综合分析，结合我国体育产业发展实践的观察，在我国以"体育集聚经济"为思维主线的体育产业发展实践中，主要存在四种不同层面、不同产业功能的体育产业集聚经济组织形态：即体育产业园区、体育产业集聚区、国家体育产业基地、体育产业集群。从政府文件、领导人讲话、学术话语体系等的概念内涵指代看，体育产业园区、体育产业集聚区、国家体育产业基地、体育产业集群等概念存在较为严重的相互指代、错位使用等问题。因此，辨识这些不同层面体育集聚经济实践及制度单元，从学术和实践的双重维度厘清其背后的产业逻辑与内涵，对于制定科学的"体育集聚经济"发展政策体系、促进体育产业集聚发展，不仅意义重大，而且十分迫切（表1）。

表1 体育产业集聚经济"组织形态"类别及比较分析

类别	体育产业园区	体育产业集聚区	国家体育产业基地	体育产业集群
概念内涵	政府推动发展、合理选择区位、配套发展环境、孕育特色产业等	各种体育产业生产要素在一定地域范围的大量集聚和有效集中的区域	制度性概念范畴，产业集聚发展基础上，以政府统筹优势为保障，经国家相关部门正式命名的体育产业集聚区	由具有共性或互补性而相互联系的、体育企业依托相关的、功能服务平台支撑的、在空间上的体育经济群落
产业特点	体育产业基础薄弱或无；培育新兴体育产业发展；体育企业地理区域集中	具有一定产业规模基础；具备初步的体育产业关联链条；体育产业地理集中较为明显、体育专业化程度较高等	政府作用与市场机制有机结合；产业规模较大；体育产品密集，企业、研发、人才密集；突出：市场机制基础上政府干预的统筹及规划优势	体育产业竞争力强劲持续；产业规模大，效益高；网络创新结构；不同产业主体多元共生、共栖；知识流动快速有序等
产业功能	集约化的使用土地，节约公共设施成本，提高资源使用效率；培育促进（特色）产业集聚	具有初步的规模效应，产业效益较高；体育产业发展及政策关注的重要对象	突出政府统筹优势，促进产业集聚区发展，发展产业集群的有效手段；政府支配公共资源的效率优势介入	利于降低企业交易成本，提高规模经济效益，提升产业和企业的市场竞争力，形成强劲持续的竞争优势
形成机制	政府区划培育、专业市场发展（政府法定性）	政府培育+市场化基础专业市场发展	体育产业集聚度较高基础上的政府批设（基础、宏观布局等）	市场机制为主（国外）、政府作用效率介入

在省域的体育产业发展实践中，为了配套实施"国家体育产业基地"的相关制度及管理办法，若干省份根据自身体育产业发展的实际，也针对性地推出了省级"体育产业基地"相关认定及管理办法。如《江苏省体育产业基地管理办法》《浙江省体育产业基地管理办法（试行）》《苏州市体育产业示范基地管理办法》等，诸多省、市、地区也配套认定和批设了相应的"体育产业（示范）基地（园区）"。从认定的单元称谓看，一般包括综合类体育产业基地、特色类体育产业基地和体育产业示范单位三个类型。但从体育产业发展实践观察，所谓省级综合类体育产业基地与特色类体育产业基地，其实质是介于体育产业园区与体育产业集聚区之间的一种"准产业园区"状态。而体育产业示范单位仅指区域内具有示范性意义的企业、经营机构等具体经济单位。因此，上述三个概念仅作为政策启示上的环节考量，而不作为一个独立的产业逻辑分析单元。同时，从各省、市的相关制度文本看，存在"园区""基地""集群"等的混用，这也说明亟须厘清在"体育产业园区""体育产业基地""体育产业集群"的产业内涵及产业逻辑认知上的不足。

通过对相关概念的辨析可以看出，国家体育产业基地具有明显的政府优势，政府对产业基地的建设与发展起着主导作用，在产业集聚发展的过程中政府起着统筹规划的作用。

三、国家体育产业基地的学理界定——产业集聚视角

从理性分析的角度，"国家体育产业基地"的产业实践发展形态析察，结合有关"国家体育产业基地"的概念表述，我们可以界定析出四个必不可少的要素：即产业属性、空间特性、产业基础、授权认证。产业属性体现的是必须为体育产业，而非其他产业类型；空间特性体现的是该产业必须呈现一定的空间地理聚集；产业基础是指其体育产业发展的规模、性质与质量；而授权认证则是经国家体育总局批准的合法性认证。没经过批设命名，仅具备前三个属性的仅是潜在的体育产业集聚区（图2）。同时具备这四个扣连相衔的结构性要素，在实践形态及学理层面就一定可以界定为"国家体育产业基地"。"国家体育产业基地"背后深层的产业逻辑及政策启示，也皆存在于这四个要素及其相互关系之中。

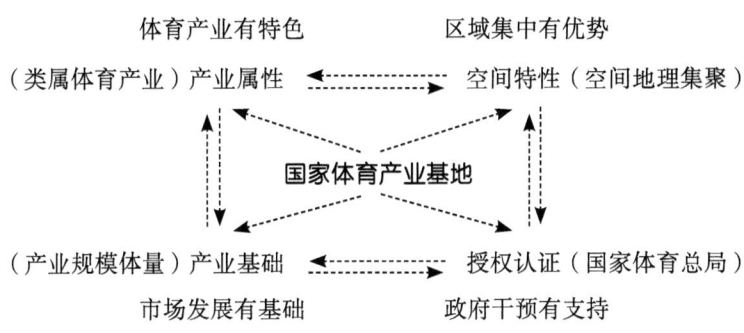

图2 "国家体育产业基地"结构要素及关系模式

从产业经济的范畴看,"国家体育产业基地"在本质上是一种体育产业集中区。体育产业集聚是"国家体育产业基地"最根本的特征和批认前提。从制度内涵属性看,"国家体育产业基地"是一种制度性概念范畴,是在一种体育产业集聚发展基础上,由政府主动的、有意识的、制度性的产业发展效率方式。结合现有"国家体育产业基地"的发展实践,"国家体育产业基地"可以界定为由民间组织或者政府,自发形成或者规划引导,以区域特色体育产业资源为基础,以特色性体育产业或产品为轴心,以体育产业链的核心企业为主导,通过体育经济价值和特定地理区位形成具有较高关联度,经济上竞合发展、行政上协调有序、文化上兼容相通、产业集群效应突出、并经国家体育总局批准命名的体育产业聚集区域。

在中国特定的政府管理体制及经济发展体制背景下,"国家体育产业基地"作为一种制度性概念范畴,是一种在产业集聚发展基础上,由政府主动的、有意识的、制度性的体育产业发展效率方式。从体育产业内部发展看,相较于潜在的、自发的"体育产业集聚区","国家体育产业基地"的核心及优势集中于"以市场机制为主,兼顾政府统筹、主动科学规划、配套制度保障"的"政府—市场"的有机结合。而在国际体育产业竞争层面,与国外相关的"产业基地"相比,以政府权威、政府统筹为基础,以科学、有效的行政干预与制度支持为保障,是"国家体育产业基地"重要的效率优势所在;也是发挥后发体育经济优势,实现快速跨越式发展的重要手段。现已建成广东深圳、四川温江、福建晋江、北京龙潭湖、浙江富阳、山东乐陵、江苏苏南（昆山、江阴、溧阳）、广西平果、浙江宁海、河南登封、湖北荆门、青海环青海湖、浙江淳安、安徽皖南等14个"国家体育产业基地"。

已有的14个"国家体育产业基地"的产业基础分析表明，存在明显的体育产业集聚是"国家体育产业基地"认定批设的首要条件和根本特征（表2）。"体育产业集聚区"是"国家体育产业基地"遴选、批设培育的重要胚基。从产业集聚机制看，以体育产业地理集中为本质特征的"体育产业集聚区"，既有由政府作用统筹规划、扶持发展而成，也有以市场机制为主的专业化市场发展所致。由政府规划引导的"体育产业园区"所催生的体育产业集聚区位，有北京龙潭湖体育产业园区、四川温江体育产业园区、苏州环太湖民族体育园区、青海环青海湖民族体育园区等。由市场发展和体育生产专业化所积累的体育产业集聚区域，有福建晋江的体育鞋服制造集聚区、江苏江阴体育器材生产集聚区（如江阴市域内的祝塘镇的运动服饰加工、青阳镇的球类生产、月城镇的制艇、长泾镇的运动器材及场地建造、华士镇的羽毛球拍等），在江苏昆山的体育产业集聚区，昆山县级市域内拥有体育企业2840家，其中主营业务超亿元企业36家，近年累计吸引外商投资25亿美元[①]。以体育产业发展的空间地理集聚为特点的"体育产业集聚区"，是我国体育产业发展的重要优势基础。从体育产业发展的宏观层面看，我国体育产业发展的绝大部分产值都是由体育产业相对集聚化发展的区域所贡献的。从体育产业发展的省域经济单元观察，也都呈现出鲜明的集聚化发展特征。以体育产业发展较为发达的福建省为例，近年来福建省体育产业的总量和占增加值比重均居全国首位，占增加值比重甚至达到了世界中等发达国家的发展水平。2010年时，福建省体育产业增加值占全国体育产业增加值的23.56%，其中体育用品、服装鞋帽制造创造的增加值占全国总量的28.98%[②]。从体育经济的地理分布看，福建省体育产业几乎全部集中在晋江、厦门、莆田三个市若干街镇，呈现出高度的产业集聚态势。

---

①江苏苏南国家体育产业基地管理办公室.国家体育产业基地申报材料［Z］.2006.
②福建省体育局.福建省体育产业"十二五"规划［EB/OL］.（2012-08-02）［2013-10-21］.
http://www.fjty.gov.cn/zwgk/ghjh/jhzj/201208/t20120802_146895.htm.

第一章 文献综述与理论基础

表2 "国家体育产业基地"体育产业集聚基础描述

基地	体育产业集聚基础
深圳	2006年已经集聚了各类体育企业1500多家，其中体育产品制造类企业总数已达到了近800家，形成了高尔夫用品、航模、滑雪器材、游艇、运动，以及竞赛型自行车、健身器材等制造业的6大产系
成都	通过强有力的政府干预，引导体育产业发展要素的集聚。2006年已有青岛英派斯（集团）有限公司、深圳市好家庭实业有限公司、泰山体育产业集团有限公司、广州波尔科技有限公司等18家体育用品公司与基地签约落户
晋江	2009年，体育用品业实现增加值195.67亿元，从业人员32.55万人，占全社会的四分之一。2012年体育产业增加值271亿元占国内生产总值（GDP）的25.33%；从业人员31.94万，占全社会的26.21%；有国家级体育品牌42枚；2004年至今累计广告投放80亿元；赛事赞助30亿；14家体育用品上市公司
北京	集聚了包括体育行政总部中心、运动项目管理中心和体育人才中心、体育传媒和科研中心、体育训练中心、体育产品销售中心（800家经营体育产业的机构和企业）等各类体育产业发展要素
富阳	2009年时，赛艇企业产量占全国生产量的95%，产品远销80余个国家和地区；下辖上官乡年产球拍超过1亿副，产值约10亿元，占国内外中低档球拍市场份额的80%以上；全市体育运动器材制造业和体育休闲服务业企业900余家，从业人员4万余人，产值约14亿元；经营性体育会所430余家
乐陵	2010年时，销售收入已突破100亿元，全市规模以上体育用品生产经营及配套企业达到60多家，从业人员1.85万人，形成了涉及体育器材、体育用品原材料、服装、广告、文化传媒、功能性饮料、运动专用医药等多个领域的体育产业体系。竞技类体育器材生产企业，占全国市场份额的90%以上，产品远销30多个国家和地区
苏南	昆山市拥有体育企业2840家，其中主营业务超亿元企业36家。2013上半年，实现体育产业总产值100.55亿元，增加值超过10%；江阴市的若干街镇均已形成数量和规模可观的企业群，如祝塘镇的运动服饰加工、青阳镇的球类生产等；溧阳具有体育文化传媒公司达10多家；体育用品制造企业已达到数百家，体育用品销售单位近200家等

（续表）

基地	体育产业集聚基础
平果	2015年，平果县体育产业生产总值达3.75亿元，占全县GDP的2.75%，同比增长3.1%。其中体育竞赛表演业生产总值0.98亿元，同比增加22.50%；体育旅游休闲业生产总值2.22亿元，同比增加23.34%
宁海	2015年，辖区内体育产业企业110余家，从业人员近万人，主要以户外运动休闲类为主，体育产业增加值从2014年的6.3亿元，占GDP比重1.5%，提高到9.5亿元，占GDP比重2.15%，远超全国0.7%的平均水平，居省、市前列
登封	目前登封市武术院校48所，在校师生10万多人，全年为登封直接输入30多亿元资金，占GDP的10.2%，同比增长5.6%，极大地拉动了登封的消费市场。同时登封武术院校积极加强对外合作，在全球50多个国家和地区设有少林功夫馆、培训中心等机构。2015年已有武术产品生产加工、开发和销售的企业200余家，部分产品远销德国、法国、美国等
荆门	2015年，园区规模企业达到196家，其中体育装备制造规模工业企业达到36家，同比增加4家，增加12%，其中产值过亿元的企业有6家。2015年，荆门高新区完成体育产业产值54亿元，同比增加8%，增加值18亿元，同比增长12%。其中，体育装备制造业总产值36亿元，同比增长18%，增加值12亿元，同比增长20%。体育产业产值占GDP的65%，体育装备制造产业增加值占体育产业增加值的66%。园区体育产业人员达到2.3万人，比2014年增加3000人
环青海湖	2015年环青海湖地区体育产业总规模达5亿元，体育产业增加值占全省GDP比重约为0.2%。环青海湖地区共有各级体育协会60余个，各类俱乐部、各类活动站点1200余个，各类体育培训、体育休闲场所150余处，体育企业数量达20个以上，体育从业人数达1500人以上。环青海湖地区及各单位、学校、各体育协会、健身站点、俱乐部等全年组织的各种活动超过5000次
淳安	2015年，淳安全县注册体育企业58家，从业人员达4800人，占全县总人口的1.06%，全年共承办省级以上大型体育赛事26项，参与人数达4.2万人，各级体育组织达30余个，会员达5000余人，体育服务业占比超过50%，支撑服务业发展的运动休闲、竞赛表演等行业发展迅猛，体育旅游、体育康复等新兴业态加速发展，全年实现体育产业增加值达3.36亿元，占全县GDP比重的1.6%，高于全省平均水平

（续表）

基地	体育产业集聚基础
皖南	2015年皖南（县域）国家体育产业基地7个县区预计实现增加值3.2亿元，较2014年增加30%以上，体育产业增加值占GDP的比重达0.47%（由于目前各县GDP数据尚未出台，以上为各县估算数据），高于安徽省0.39%（2014年）的平均水平，区域内体育企业达到178家，从业人数超过2300人

数据来源：各"国家体育产业基地"申报及年度总结材料。

可以推证，对全国"体育产业集聚区域"的分布、规模、产业性质等的准确了解，是指导"国家体育产业基地"科学布局、提高基地整体拉动效益的重要前提。"国家体育产业基地"作为一种国家体育产业发展的重要战略形式，具有重要的全局性意义，其批设与管理考虑的要素不仅是区域性发展需求。作为一种国家体育产业的重大、主动的制度设计，其位点的布局必须有利于促进宏观整体体育产业的发展，需要与特征明显的"全国体育产业集聚区域"进行有效的梯度对接。然而，从学术文献到内部资料，目前还没有关于全国"体育产业集聚区"的辨识、特点和科学分布描述的系统学术资料，甚至还缺乏最基本的了解。全国"体育产业集聚区"分布及性质数据信息的缺失，使得"国家体育产业基地"的批设缺乏宏观统筹，降低了"国家体育产业基地"的制度辐射绩效和战略价值。因此，准确描述和系统了解我国"体育产业集聚区"的分布及特征，对于"国家体育产业基地"的发展不仅十分必要，而且相当迫切。

四、国家体育产业基地的政策导向——技术工具选择

在国际体育产业发展趋势及国家宏观产业导向的激励下，发展体育产业，刺激消费，扩大内需[1]，培育新的经济增长点，借以促进区域经济增长及结构转型，成为中国地方政府的重要经济共识。体育产业正迅速取代竞

---

[1] 杨越.体育强国：未来10年中国社会经济发展对体育事业的需求[J].体育科学，2010，30（3）：3-10.

技体育成为我国地方政府体育行政部门竞争的新焦点。然而，受地方政府政绩、宏观经济发展经验惯性及路径依赖效应等多重影响，带有较强政府干预的"政策驱动"日渐成为我国地方政府发展体育产业的重要路径选择和普遍共识，尤其是《国务院办公厅关于加快发展体育产业的指导意见》（国办发〔2010〕22号，以下简称《指导意见》）及《国务院关于加快发展体育产业促进体育消费的若干意见》（国发〔2014〕46号，以下简称《若干意见》）等行政规范性文件的颁布，在有力刺激各地体育市场发展的同时，也掀起并加剧了地方政府体育产业政策竞争的热潮。地方政府对国家体育产业基地体育产业政策的制定与发展，对保障地方体育产业的快速及健康可持续发展，具有十分重要的现实意义和实践迫切性。

（1）引导性政策

随着体育产业的不断发展，国家层面对体育产业的发展制定了一些指导性、引导性的政策，以《指导意见》《若干意见》为主要代表，各地方政府，尤其是国家体育产业基地所在政府，针对体育产业的发展制定了适合本土的引导性政策，进而刺激体育产业基地及本地体育产业的发展。

深圳市文体旅游局牵头起草了《深圳市人民政府办公厅印发关于加快体育产业创新发展若干措施的通知》，就是以文件的形式来规范当地体育产业的发展，希望通过设立体育产业发展专项资金，鼓励和引导社会资本进入体育产业领域，发挥政府资金的示范引领效应；重点扶持和资助一批项目，加快推动体育产业转型升级；培育更多高端赛事、高水平职业俱乐部和知名品牌企业[1]。

河南省政府为登封市专门出台了《河南省人民政府关于支持登封市建设华夏历史文明传承创新示范工程的指导意见》（豫政〔2014〕41号）文件，明确提出"推动体育健身产业发展，举办国际山地自行车赛、嵩山登山比赛等国际性和群众性体育赛事，建设全国知名的健康运动基地"[2]。这也是较为典型的关于体育产业发展指导方面的政策。

荆门高新区推出了一系列支持体育产业发展的政策，主要包括：设立

---

[1] 深圳国家体育产业基地管理办公室. 深圳国家体育产业基地工作总结［Z］. 2015.
[2] 登封国家体育产业基地管理办公室. 登封国家体育产业基地工作总结［Z］. 2015.

配套经费、与荆门市财政共同出资3亿元,设立创业引导资金和人才资金,建立"九派通"和"海归"创业园、落实税费优惠政策、落实企业所得税减免优惠政策;对市级留成的税收全面奖励返还企业,给予用地支持,合理安排体育产业发展用地,优先支持体育产业项目等[①]。

安徽省也出台了《安徽省人民政府关于加快发展体育产业促进体育消费的实施意见》(皖政〔2015〕67号)和安徽省体育产业"十三五"规划等一系列省级体育产业重大政策规划,都明确把皖南(县域)国家体育产业基地建设列入重点工作内容[②]。

这些政策的出台明显受到《指导意见》《若干意见》的影响,为国家体育产业基地的发展提供了政策上的支持,使得各项工作能够科学、合理、有序地开展和实施。

(2)干预性政策

国家体育产业基地制度本身就是一种政府行为,因此在产业基地的建设实施过程中离不开政府政策的干预。我国地方政府体育产业政策的基本取向以市场失灵理论为前提,实施积极的政府干预政策,对区域体育市场进行全面建构及微观体育市场的主动干预。地方政府对区域体育市场的干预主要体现在两个方面。其一,地方政府对区域体育市场及产业体系的主观建构。已有的国家体育产业基地在发展规划中几乎都提出"建立或初步建立完善的体育产业体系"。地方政府倾向于以对体育产业的主动选择和主观建构来代替体育市场机制的自发形成过程。在国家体育产业基地内部政府的干预能够更好地利用当地的经济、社会基础及体育产业资源,在一定程度上加快了体育产业的集聚,提升了国家体育产业基地的产业竞争力;但从整体上看,各自为政的地方体育市场建构还可能造成区域市场分割,导致全国体育产业市场效率下降,影响整体体育产业竞争力的提升。各地方政府更应该基于产业基地的条件及优势,通过增进与拓展市场,积极融入全国体育产业市场和全球体育产业发展链条,打造自身的体育产业竞争优势。其二,地方政府对体育产业的微观市场主体进行选择性扶持与

---

① 荆门国家体育产业基地管理办公室. 荆门国家体育产业基地工作总结[Z]. 2015.
② 皖南国家体育产业基地管理办公室. 皖南国家体育产业基地工作总结[Z]. 2015.

干预。在地方政府体育产业政策体系中，体育产业引导资金及体育产业基地等体育产业政策的主要实施方式皆以政府行为主导，通过项目对象的标准化、参数化过程对资助或批设对象进行主动辨识和选择确定，进而以选定的产业项目为对象进行政策资源的定向投射。实践中，项目选择的标准化及参数化导致地方政府体育部门在体育企业及产业项目辨识过程中的真实市场信息不断减少，难以保证将优质市场资源配置到最具市场效率的区域体育产业环节之中。同时，由于相关制度标准及程序规范的缺失，引导资金、产业基地等类型的地方体育产业政策在执行过程中基层官员的自由裁量行为，进一步加剧地方政府干预体育产业发展的政策风险。

可见，国家体育产业基地建设过程中的政府干预政策，应该是一种积极的干预政策，应与当地的经济、社会及体育资源相互配合和匹配，否则，可能会导致国家体育产业基地发展的畸形或不协调，进而导致当地体育产业、经济、社会发展的不平衡。

（3）规划性政策

随着我国"十三五"体育产业规划会议的召开，各地也纷纷制定了当地的体育产业发展"十三五"规划。2015年下半年，晋江市"十三五"体育产业规划、晋江市"十三五"体育发展规划、晋江市公共文化体育设施布局规划等规划研究工作正式启动，出台了《晋江市体育产业发展专项资金使用办法》《晋江市体育产业专项资金青少年体育俱乐部、镇街公共体育馆、体育竞赛表演业资助扶持办法》等优惠政策，设立专项资金1000万元，全年完成7个省级专项资金项目申报[①]，对晋江市体育产业发展目标和思路进行了制定和规划。山东乐陵国家体育产业基地邀请北京体育大学专家团队科学编制了《乐陵国家体育产业基地发展规划》，明确了乐陵国家体育产业基地未来10年的发展目标、发展阶段，实施合理空间布局，策划重点项目，强化保障措施，提高了规划的前瞻性和可操作性。皖南国家体育产业基地编制上报了《体育产业联系点单位—苏南（县域）国家体育产业基地工作方案》，明确基地建设总体目标、重点任务和保障措施。将基地建设纳入《安徽省人民政府关于加快发展体育产业促进体育消费的实施

---

① 晋江国家体育产业基地管理办公室. 晋江国家体育产业基地工作总结［Z］. 2015.

意见》和体育产业"十三五"发展规划，明确提出"高水平建设苏南（县域）国家体育产业基地，鼓励其他有条件地区创建国家体育产业基地，到2025年培育100家国家和省级体育产业基地"。修订《江苏市体育产业示范基地管理办法》，将以县域集群为单位的基地类型，以规范性文件形式予以确定。省体育产业发展引导资金继续对基地实行直报方式，并单独限定各基地项目数，2015年共计扶持基地项目13个，约占总数的11%[1]。宁海市政府已委托上海体育学院编制宁海体育产业"十三五"规划，力争将宁海市打造成中国户外运动休闲名城和长三角体育旅游目的地[2]。

各国家体育产业基地在2015年度工作总结中均提出了下一步工作的重点及规划，政府政策的支持加快了各基地体育产业的集聚与发展，政府的顶层设计也吸引了大量专项资金的投入，有利于国家产业基地的进一步实施和发展。

本章小结

国家体育产业基地发展的理论基础仍处在对国家体育产业基地概念、内涵的界定与辨析阶段，体育产业的集聚仍是产业基地发展进程中不可或缺的环节，因此体育产业集聚理论是国家体育产业发展的基础理论之一。国家体育产业基地本身是一种政府行为，在其建立、实施过程中政府始终起到引领、指导甚至主导性的作用，因此，在对国家体育产业基地基本理论研究的基础上，仍需深入探索适合基地发展的地方性政策，以保证国家体育产业基地科学顺利地实施与发展。各地政策的创新，为国家体育产业基地的创新发展提供了可能，也充实并开创了国家体育产业基地的发展理论。

---

[1] 皖南国家体育产业基地管理办公室.皖南国家体育产业基地工作总结［Z］.2015.
[2] 宁海国家体育产业基地管理办公室.宁海国家体育产业基地工作总结［Z］.2015.

第二章　国家体育产业基地历史进程研究

体育产业化是世界体育强国发展的普遍规律，也是事关我国体育强国战略实现的重大问题。改革开放以来，随着区域经济的纵深发展，我国部分地区尤其是福建、浙江等沿海地区出现了初具规模的体育产业集聚现象。体育产业发展的空间地理集聚是我国体育产业发展的重要特征和优势基础。体育产业空间集聚和区域体育生产专业化开始引起政府有关部门高度关注和重视。为了进一步促进此类区域的快速发展，进一步发挥政府统筹优势，我国适时地推出了"国家体育产业基地"制度。

自2006年首个国家体育产业基地建立至今，已超15年，国家体育产业基地对体育产业的发展做出了哪些贡献？出现了哪些问题？下一步如何发展？都是摆在国家体育产业基地发展进程中的现实问题。本章旨在对国家体育产业基地建设的背景进行分析、厘清国家体育产业基地发展的历史进程、剖析影响国家体育产业基地制度实施的主要因素，使人们对国家体育产业基地能够有一个较为全面、系统的认识。

第一节　国家体育产业基地建设的基本背景

一、全国体育产业经济的快速增长

随着我国经济发展进入一种"新常态"，体育产业的发展也到了一个新的机遇期，正逐渐成为国民经济发展的新增长点。"十一五"

"十二五""十三五"时期我国体育产业发展取得了较大成绩，体育产业发展势头迅猛，为国民经济的发展及全民健康做出了较大贡献。全国体育产业经济快速增长，主要表现在体育产业及相关产业初具规模并逐步扩大、体育产业及相关产业发展速度较快、体育消费增加较快等方面。

据2006—2008年全国体育及相关产业统计公报数据显示，2008年中国体育及相关产业从业人员约317.09万人，实现增加值1554.97亿元，占当年GDP的0.52%。2007年，中国体育及相关产业的增加值较2006年增长22.83%，其中体育服务的增加值增长速度达到28.38%；2008年，中国体育及相关产业的增加值较2007年增长16.05%，两年保持持续增长。2007年我国国内生产总值为265810.3亿元，较2006年增长12.35%；2007年第三产业增加值为100053.5亿元，其增长速度为12.69%。从这些数据我们可以很明显地看出，中国体育及相关产业增加值的速度明显比我国GDP的增长速度要快，体育服务的增长速度也大幅度地超过我国第三产业的增长速度[1]。"2000—2009年，我国城市体育消费平均每年增加122%"[2]，从以上数据不难看出我国体育产业经济呈现快速增长的趋势，这也是国家体育产业基地制度被及时推出的前提和基础。

二、宏观经济政策的体育产业选择

2010年3月，《国务院办公厅关于加快发展体育产业的指导意见》的颁布及体育产业"十二五"规划的推出，都进一步明确了"国家体育产业基地"建设的重要地位及作用。鉴于"十一五"期间"国家体育产业基地"在体育产业发展中所起到的巨大带动作用，在体育产业"十二五"规划的发展目标中，明确提出，"十二五"期间"在全国建立20个国家体育产业基地、30个国家体育产业示范基地"。

随着国家体育产业基地辐射效应及引领效应的发挥，2011年，以《国务院办公厅关于加快发展体育产业的指导意见》为指导，国家体育总局出

---

[1]国家体育总局. 2006—2008全国体育及相关产业统计主要数据的解读［EB/OL］.（2010-04-29）
［2021-07-21］. http: www.sport.gov.cn/n315/n329/c216778/content.html.
[2]吴红雨，范美玉. 中国体育产业发展研究［J］. 改革与战略，2010，26（7）：147-149.

台《国家体育产业基地管理办法（试行）》，其在国家体育产业基地的建设管理过程中发挥了重要作用。2014年10月，《国务院关于加快发展体育产业促进体育消费的若干意见》（以下简称《意见》）正式颁布，明确了体育产业的地位，指明了发展方向，并明确提出要"打造一批符合市场规律、具有市场竞争力的体育产业基地"。各级政府要认真贯彻落实《意见》精神并制定适合本地发展的相关省市级意见、规划等，切实为体育产业发展营造了良好环境，切实落实现行国家支持体育产业发展的税费价格、规划布局与土地政策，加大对政策执行的跟踪分析与监督检查；并进一步与有关部门合作、研究推进体育产业发展的各项政策措施，完善体育产业政策体系。

可见，从国家宏观经济政策层面，对国家体育产业及国家体育产业基地的发展进行了顶层设计，为体育产业的发展提供了良好的环境和可能性。

三、体育产业块状经济实践的引注

"块状经济（massive economic）是指一定的区域范围内形成的一种产业集中、专业化极强的，同时又具有明显地方特色的区域性产业群体的经济组织形式"[1]，一般也称为区域特色经济。在我国整体体育产业发展的地理经济版图上，相离相继、灿若星辰的"体育经济马赛克"，是我国当代体育产业发展最为重要的特征。尤其是20世纪80年代产生的产业园区，在发展中对体育产业的集聚与发展，起到了不可替代的作用。现阶段受市场驱动与体育产业化发展的影响而形成了一些体育产业集聚区，如福建晋江的体育鞋服制造集聚区；江苏江阴体育器材生产集聚区，有江阴市域内的祝塘镇的运动服饰加工、青阳镇的球类生产、月城镇的制艇、长泾镇的运动器材及场地建造、华士镇的羽毛球拍制造等；江苏昆山的体育产业集聚区，昆山县级市域内拥有体育企业2840家，其中主营业务超亿元企业有36家，近年累计吸引外商投资25亿美元[2]。受国家政策影响也规划形成了一些

---

[1] 百度百科. 块状经济［EB/OL］.［2021-08-20］. http://baike.baidu.com/link?url=eq7i2W8vlWqfClrEOuAl076CcvU9fikxa2qdt8_wj4Rp1ERLcgQmF3yLT3D9Qi3bdkyDH0DhRQ15eam6Gm5HwBs_nZ0LLeyq-ad0TliIbGpu9vZBXWulLYvqY2d-fyB2.

[2] 江苏苏南国家体育产业基地管理办公室. 国家体育产业基地申报材料［Z］. 2006.

产业园区，如北京龙潭湖体育产业园、成都温江体育产业园区、环太湖民族体育园区、环青海湖民族体育园区等，使得体育产业呈现出明显的"块状"发展特征，这些成果促进了体育产业的集聚与发展，有利于体育产业化发展。

随着这种"块状经济"的发展，我国体育产业不断集聚发展，形成了我国体育产业发展的空间集聚特点，这也引起了人们的广泛关注，进而在全国进行推广学习与借鉴，形成了体育产业发展的良好态势。

四、产业基地发展政策的制度启迪

不同于自然散布的体育产业集中、集聚区，在学理内涵分析中，"国家体育产业基地"制度内涵中政府作用重要意义的析出，是"国家体育产业基地"政策发展最为重要的启示之一。而科学有效的政府干预政策体系的建立，也必然建基于对不同体育集聚经济"单元"之间的深层产业逻辑的科学认知及把握。国家相关部门及地方政府管理部门对"国家体育产业基地"的发展思路、推进措施等问题存在极大的困惑性和盲目性，是近几年系统调研过程中最深刻的感受。缺乏体系化、科学合理及可操作性的"国家体育产业基地"系统管理制度及其配套项目支持制度体系，是制约"国家体育产业基地"发展的重要障碍。在围绕"体育产业集聚"为核心的产业发展话语体系中，已基本形成以"国家体育产业基地"为龙头，各"省级体育产业基地"为骨架，各类"体育产业特色园区（基地）"为支撑，大量散布的"体育产业集聚（集中）区"为基础的体育产业发展格局。然而，在现有的体育产业发展政策制度体系中，不同层级的体育"集聚经济"制度单元之间，缺乏有意识、整体、有序的制度对接，从规范性的制度文本、纵向的部门机构、相关人员、数据资料等方面看都没有形成有意建构国家体育产业基地、省级体育产业基地、体育产业特色园区（基地）、体育产业集聚（集中）区等各级各类"体育集聚经济"制度单元之间的有机联系，从而限制了"国家体育产业基地"作为一种国家宏观体育产业发展手段的战略价值。而对于包括"国家体育产业基地"在内的各个"体育集聚经济"制度单元本身，除了简单定性描述初始的"管理及认定办法"外，也皆缺乏有力、规范、微观可操作性的配套制度及发展举措。

导致各地方政府部门在发展"国家体育产业基地"及各类体育产业园区（基地）等日常实践中无所适从。极大地降低了各个"体育集聚经济"制度单元的工具性功能与价值。因此，必须有机整合、有序对接不同层面的各级各类"体育集聚经济"制度单元，形成系统的制度合力，整体推动体育产业发展。

在"国家体育产业基地"内部发展上，需要以"集聚经济"理论为基础，以有效政府作用为核心，以政府作用的科学方式为关键，建设公共基础设施服务平台，实现科学发展。着力降低区域内企业市场交易成本、促进和鼓励体育产业技术创新，促进体育产业的集聚、集群化发展。在地方政府层面，要深刻地认识到，作为"国家体育产业基地"的支持与服务机构，其政策干预不是仅关注具体的单个企业，而是要为整个体育产业集聚区的综合创新、发展及竞争力的提高服务。应该制定科学合理的配套制度体系，促进"国家体育产业基地"产业集群内部不同行为主体之间的信息沟通与知识流动，培育产业创新氛围。如根据"国家体育产业基地"区域就近原则，设立专门服务"国家体育产业基地"发展的知识研究机构等。地方政府也需根据"国家体育产业基地"不同的区位优势、产业基础、目标模式等特点，针对性地对接"国家体育产业基地"的实际发展需求，调整针对性的政府产业政策和干预手段。虽然，政府作用是"国家体育产业基地"发展的重要效率基础所在，但是必须根据不同的"国家体育产业基地"的产业集聚机制、产业集聚基础等实际，需要针对性有所侧重地调整政府作用的领域、层面、空间及深度，实现科学管理与发展。

第二节 国家体育产业基地建设的基本历程

一、概念性酝酿：其他产业部门经济发展经验与知识的相互溢出（2003—2005）

"国家体育产业基地"概念构想的提出，是不同经济部门产业发展实践"知识相互溢出"的结果。早在2000年前后，国内外经济领域的集群优势就引起了国家发改委、科技部、商务部、信息产业部、文化部、中国服装工业协会、中国珠宝产业协会等部门和协会的重视。集群发展战略逐步被纳入国家和地方的产业及科技发展政策中，例如，中国纺织工业协会就先后认定了100多个纺织服装集群，如广东的虎门休闲装、福建石狮的休闲装、浙江温州的男装、宁波的西服等。

在体育产业发展领域，在现有的专业学术文献中，以"国家体育产业基地"为研究对象的研究成果极少。有限的文献主要集中在"国家体育产业基地"的侧面、局部描述上。在公开的学术文献、新闻报道、会议报告及内部资料等中很难找到关于"国家体育产业基地"概念的最初出处。调查研究过程显示，从概念衍生路径来看，"国家体育产业基地"的概念及其构想产生，主要是在近二十年来我国体育产业空间地理集聚化发展的基础上，在经济学研究及媒体宣传"产业基地"概念及经验的启发下，不同产业部门间知识相互溢出的结果[1]。早在2003年前后，北京、福建、江苏等经济发达省市就陆续召开了一系列有关促进本地区产业集群发展的会议。随后，产业集群、产业集聚、产业基地等概念词组逐渐走出理论高阁，进入政府报告、相关文件、会议主题及部分媒体视线。而在体育经济发展领域，随着市场经济的发展和专业化生产分工的不断加深，在广东、福建、浙江等部分经济发达的沿海地区，出现了特征明显的体育生产企业在某些特定区域内扎堆的"体育产业空间地理集聚"现象，如安徽无为、浙江衢州江山等地的羽毛球制品；浙江安吉县良朋镇的乒乓球制品；浙江富阳上官乡的网球拍生产；福建晋江陈埭镇的运动鞋、福建厦门的健身器材；广东深圳的高尔夫、运动自行车等。这些特色鲜明的体育生产企业在特定区域内的"扎堆"现象，是"国家体育产业基地"产生的重要实践背景。同时，受其他经济领域"基地"建设发展思潮影响，国家体育产业基地的最初的概念和相关提法，也大约隐现于此时期较后阶段。

"（深圳）国家体育产业基地"的产生深刻印证了其他经济部门产业发展经验向体育经济产业部门的溢出效应。首先，从"国家体育产业基地"的概念衍生及设立地区看，深圳是我国首个设立的"经济发展特

---

[1] "国家体育产业基地"制度构想的提出得益于其他经济部门产业发展经验的启示，在"（深圳）国家体育产业基地"调研中，得到相关人士的印证（2010.03）。

区",是我国市场经济的发源地。深圳前沿的市场经济意识和先觉的经济发展经验,为"国家体育产业基地"发展构想的提出铺设了宏观的知识经验和背景。其次,从"国家体育产业基地"的概念提出的组织主体看,概念提出主体具有广泛的横向经济产业组织联系和经验。"(深圳)国家体育产业基地"概念构想的提出并非出自体育行政部门——深圳市文体旅游局,而是深圳市发展与改革局受启发于深圳打造"全球电子信息产业基地""高新技术产业基地"等基地经济发展思路,在深圳市已经形成较为明显的体育健身器材、体育休闲器材等体育生产企业集聚的基础上,开始酝酿申报"国家体育产业基地"的想法[①]。该想法一经提出便得到了国家体育总局的积极响应。在深圳市政府的积极运作下,由深圳发展与改革局具体牵头,于2005年开始向国家体育总局申报筹建"国家体育产业基地"。由此,"国家体育产业基地"作为一个专有名词逐渐走入我国的体育产业发展实践之中。

该阶段的特点:

①其他产业部门的基地发展实践为"国家体育产业基地"的提出提供了重要的知识背景。

"国家体育产业基地"基本概念的历史衍生路径是"国家体育产业基地"相关理论研究最基本的学术任务。调查过程显示,"国家体育产业基地"概念构想的提出,得益于不同经济产业部门发展知识经验之间的相互溢出。

××市发展与改革局"国家体育产业基地"申报工作人员YCT表示:

"我们的体育产业基础较好,但我们也看到很多问题;比方说产业结构松散、品牌多规模小、贴牌生产较多等。后来我们就想,是不是可以考虑设立个基地,规划引导发展……应该说,'国家体育产业基地'最先的想法是我们提出来的。"(2009.04;REC:A1-Yang)

②体育产业的空间地理集聚现象为"国家体育产业基地"的提出提供了重要的现实基础。

[①] 该观点引自"(深圳)国家体育产业基地"构建参与人员的口述,至今深圳"国家体育产业基地管理办公室"依然挂靠于深圳市发展与改革局之下。

深圳较为明显的体育产业集聚方面体育产业发展实践,是促动相关部门萌生申请设立"国家体育产业基地"想法非常重要的现实性因素。

××市发展与改革局"国家体育产业基地"申报工作人员HXM:

"我们当时已经聚集了很多较有影响力的体育企业了,各类体育企业当时已经有一千五六百家。如果问为什么想提请申设'国家体育产业基地'的话,我想这是一个非常重要的因素。"(2009.04;REC:A2-HU)

二、制度性确立:"(深圳)国家体育产业基地"首获批准设立(2005—2006)

深圳具有良好的市场经济基础,在产业技术研发、经济环境配套措施等综合因素的影响下,市场资本逐步向产业附加值较高的体育产业部门流动。至2006年时,深圳已聚集了多达1500多家体育制造类和体育健身娱乐企业,集聚了波力体育器材、好家庭、中航健身俱乐部和观澜湖高尔夫球场等一批知名体育企业,初步形成了较为明显的体育产业聚集效应[①]。然而,由于缺乏政府具体政策上的支持及系统规划指导,深圳体育产业发展中的问题也开始凸显,如企业数量多、规模小,主要以生产低端产品或为外商贴牌生产为主;实际体育经济收益不高、体育信息流通不畅、体育研发能力差、体育产业链条形态不明显等问题,严重制约了深圳体育产业的快速持续发展。针对深圳体育产业发展中的实际问题,在考察借鉴了国内外体育产业发展成功经验的基础上,由深圳市发展与改革局牵头,深圳向国家有关部门提出了建立国家体育产业基地的构想。经过申请、论证、考评等环节,"(深圳)国家体育产业基地"最终于2006年4月获得国家体育总局正式批复获准设立,并于2007年4月授牌成立。"深圳国家体育产业基地"的正式设立,标志着"国家体育产业基地"作为一种体育产业发展的重要制度形式得到了正式确立。

集群经济(cluster economic)、产业集聚(industrial agglomeration)是

---

① 深圳国家体育产业基地管理办公室.国家体育产业基地申报材料[Z].2006.

"（深圳）国家体育产业基地"发展的重要理论基础，基地的建设致力于为"区域内产业集聚行为主体"建立知识与信息流动的效率通道和制度平台（图3）。

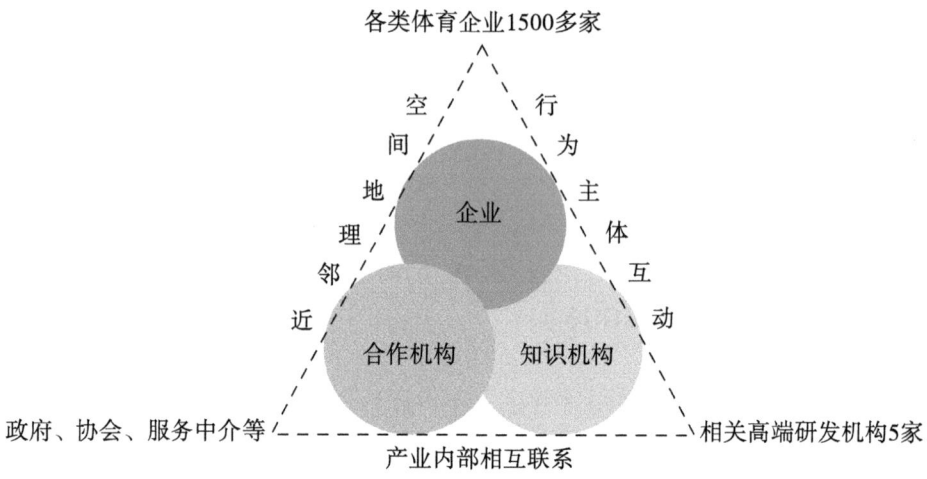

图3 "（深圳）国家体育产业基地"体育集群经济行为主体及其关系（2006）

发挥我国政府统筹优势的"国家体育产业基地"，是我国体育产业政策制度创新的重要内容和特色。国家体育总局"（深圳）国家体育产业基地"项目鉴评小组，给予深圳"国家体育产业基地"的制度构想以高度评价和充分肯定，"深圳提出建设国家体育产业基地的战略构想在全国来说是领先的，是破冰之旅。[①]"

该阶段的特点：

①体育产业集聚是"国家体育产业基地"制度提出的重要产业动力。

深圳在体育器材与研发生产企业规模化的空间集聚，是推动深圳申报"国家体育产业基地"的重要产业动力。因此，体育产业的空间地理集聚是"国家体育产业基地"最为基础和重要的特征之一。

②产业集群理论是"国家体育产业基地"制度设计的重要理论基础。

[①] 林若飞，陈飞燕.深圳筹建国家体育产业基地[J].杭州：生活品质，2006（3）：63.

从深圳首家"国家体育产业基地"申报材料中体现的发展目标及定位理念看,经济学研究中的地理邻近(geography proximity)、集群经济(cluster economic)、产业集聚(industrial agglomeration)等是深圳国家体育产业基地的非常重要的理论基石。"(深圳)国家体育产业基地"的目标是通过政府的支持和有效干预,培育具有持续创新动力和产业竞争力的体育产业集群。

三、探索性实施:六大"国家体育产业基地"的陆续认定与批设(2006—2011)

自2006年至今,经国家体育总局批准,在全国设立了六个"国家体育产业基地"。2006年4月,国家体育总局批准设立"(深圳)国家体育产业基地",是我国首个设立的"国家体育产业基地";2006年12月,设立"(成都)国家体育产业基地",是西部唯一的一个"国家体育产业基地";2007年11月,已形成明显"体育鞋服制造业产业集聚"的福建省晋江市获批第三个"国家体育产业基地",是目前唯一的一个以县级单位命名的"国家体育产业基地";2008年,借助北京奥运会在场馆建设、大型赛事等方面的有利契机,以国内国际体育组织聚集地为基础,借助政府系统规划和支持,北京龙潭湖地区于2008年12月份被国家体育总局批准设立"(龙潭湖)国家体育产业基地";2010年8月,基于山东泰山体育有限公司等一批大型的体育器材生产企业在山东乐陵地区的集聚,经过山东省政府及地方政府的积极争取,山东乐陵成为我国第五个"国家体育产业基地";2011年8月,浙江富阳地区,在多年球拍、水上运动器材等领域生产企业发展的基础上,借助良好的经济发展区位优势,获准设立中国第六个"国家体育产业基地",从而实现了长三角地区"国家体育产业基地"零的突破。而根据体育产业"十二五"规划发展目标的要求,"十二五"期间还将在"全国建立20个国家体育产业基地、30个国家体育产业示范基地"。

自2006年4月"(深圳)国家体育产业基地"的设立至2011年"(富阳)国家体育产业基地"设立的五年中,"国家体育产业基地"进入了一个探索实施、快速发展的时期。

此阶段的主要特点表现为：

① "国家体育产业基地"的批设缺乏科学的产业集聚水平定量测度和甄识技术。

在"国家体育产业基地"相对快速探索性实施的阶段，"国家体育产业基地"的批设主要基于申报地区在申报材料中对于该地区体育产业的定性描述，结合国家体育总局的实地考察鉴评。由于缺乏科学的体育产业集聚水平定量测度和甄识技术，对于区域体育产业的定量特征缺乏科学认识和把握，导致"国家体育产业基地"批设过程中出现人为主观因素过强等问题。

② "国家体育产业基地"的产业布局，缺乏全国体育产业发展梯度的有效对接。

"国家体育产业基地"作为我国宏观体育产业政策中非常重要的关键制度节点，对于整体体育产业发展的带动是其重要的制度使命之一。然而，由于缺乏对全国"体育产业集聚区"数量、性质及位点分布等信息的系统了解，使得该阶段"国家体育产业基地"的设立缺乏与全国体育产业发展梯度的有效对接，进而压低了"国家体育产业基地"的制度收益。

③ "国家体育产业基地"的批设管理，缺乏独立、具体、针对性的规范性制度。

该阶段"国家体育产业基地"的批设，主要围绕地方政府与国家体育总局相关部门之间的行为互动，及国家体育总局最终所做出的主观判断。从宏观的基地管理办法、认定标准细则到基地的发展举措等皆无制度性的依据，缺乏独立、具体、针对性的规范性制度。该阶段，在国家相关职能部门层面，没有专门性的"国家体育产业基地"管理办法；而在各国家体育产业基地内部层面，也缺乏针对性的地方政策文件。如作为我国体育产业集群特征最显著、最知名的晋江国家体育产业基地，地方政府在支持地方经济发展的鼓励扶持政策中，在涉及农业经济、工业经济、第三产业政策、自主创新政策等各个领域的文件中，也没有专门针对国家体育产业基地的发展制定相应的保障推进政策（图4）。调查也显示，地方领导人的变更、基地管理人员的频繁更迭、专业产业管理人员的缺乏与学术关注研究的不足，是导致地方政府在"国家体育产业基地"发展上存在盲目性、迷惑性，具体政策措施难以出台的重要原因。

第二章　国家体育产业基地历史进程研究

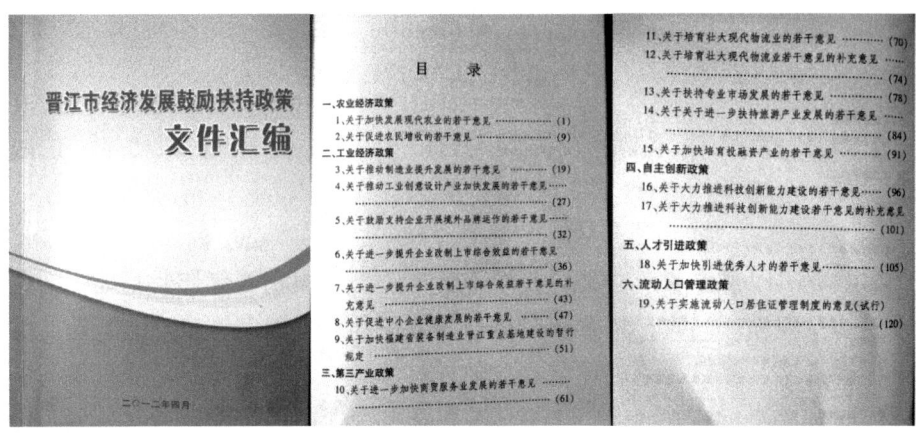

图4　晋江市经济发展鼓励扶持政策

④ "国家体育产业基地"的认知不足，申报在某种程度上出现了政绩化的倾向。

由于对"国家体育产业基地"制度内涵及深层产业逻辑认知上的不足，2007年后，拟申报"国家体育产业基地"的地区快速增加，并逐渐显示出政绩化的倾向。已设"国家体育产业基地"发展思路不明，政策措施无力介入，日常管理空心化。对"国家体育产业基地"国字号基地称谓的追逐，超过了对"国家体育产业基地"制度价值的绩效诉求。

××国家体育产业基地管理办公室工作人员DWQ表示：

"其实，说白了，现在很多地方申请'国家体育产业基地'只是为了拿这块牌子。"（2010.06；REC：D1-Dong）

××国家体育产业基地管理办公室工作人员CJX表示：

"国家体育产业基地自批准设立之后，我们基本就处于工作停滞状况。"（2011.02；REC：C3-Cheng）

××国家体育产业基地管理办公室工作人员CZH表示：

"随着市级领导班子换届，原有的体育发展战略没能很好地继续贯彻持续，由于多种原因，有些项目处于停滞阶段；目前我们'国家体育产业基地管理办公室'隶属于××经济开发区管理处，目前的工作较少和体育

产业关联。"（2011.08；REC：C4-Chen）

四、理性化发展：《国家体育产业基地管理办法（试行）》的颁布（2012年至今）

随着"国家体育产业基地"的不断推进，"国家体育产业基地"的数量已初具规模。同时，相关部门也开始意识到在"国家体育产业基地"的申报、遴选、评审等诸多环节存在缺乏科学的遴选机制与规范的程序与条件等问题，严重地制约了"国家体育产业基地"的持续发展。基于此，经过多方酝酿，国家体育总局于2011年12月，正式下发了针对"国家体育产业基地"的专门性管理文件《国家体育产业基地管理办法（试行）》。该办法是自2006年国家体育产业基地设立以来，国家有关部门针对"国家体育产业基地"所颁布的专门性法规文件，标志着"国家体育产业基地"逐步走向理性化、规范化发展道路。该文件从总则、申报条件、申报程序、评审程序、基地建设、管理与考核六个部分对国家体育产业基地的概念、申请、建设、管理和考核方面做了原则性、描述性的说明。该文件是《国务院办公厅关于加快发展体育产业的指导意见》有关内容和精神的具体化和深化。文件明确，国家体育产业基地的目的是"发挥体育产业基地的聚集效应、规模效应以及对全国体育产业发展的示范和带头作用"；首次明确了国家体育产业基地是指经国家体育总局命名的，在体育产业发展方面具备相当基础、规模和特色的地区，或在体育产业某领域具有重要影响力和较强竞争力的机构；确立了"国家体育产业基地"的初步遴选条件和布局原则；规定了"国家体育产业基地"报请程序、时间节点、内容本文等；更首次明确了"国家体育产业基地"的管理与考核内容。同时，提出了"国家体育产业基地"的管理要求，第一次从概念上明确了申撤机制。

该阶段的主要特点：

①六大"国家体育产业基地"的示范效应与带动作用明显。

在已设六大"国家体育产业基地"的示范带动下，近两年来，包括江苏南京、重庆、江苏江阴、广东清新、河南安阳、浙江淳安、福建莆田、广西平果、安徽芜湖、六安、黄山、马鞍山等全国近几十个地区已经提交或者正在酝酿提交申报"国家体育产业基地"的申请[①]。六大"国家体育产业基地"的示范效应，带动了多省市地区出台了系列重点发展体育产业的政策措施，对于促进全国及区域体育产业的发展具有显著的积极意义。

②"国家体育产业基地"管理部门着手拟研究系统的配套制度设计。

2012年以来，由于缺乏科学量化的认定标准、动态监管机制以及系统推进措施，"国家体育产业基地"的发展在一定程度上陷入瓶颈期。自2010年8月"十一五"期间"（乐陵）国家体育产业基地"批设以来，虽然每年申报"国家体育产业基地"的地区快速增加，但国家体育总局没有再批复新的"国家体育产业基地"。国家相关部门已经开始认识到科学发展"国家体育产业基地"的重要性和迫切性。

国家体育总局"国家体育产业基地"负责人员GHN表示：

"近几年，我们一直在思考'国家体育产业基地'发展中存在的问题。通过体育产业十二五规划、国家体育产业基地管理办法（试行）等文件，对'国家体育产业基地'发展从制度上进行固定，使其不因为人员的变更而发生改变。我们也在探索基地的认定标准和管理等深层次的问题，建立考核申撤机制。"（北京，2013.03）

五、多元化发展：国家体育产业基地制度认定单元的分化与嵌入（2013年至今）

"国家体育产业基地"整体制度效应的取得，依赖"国家体育产业基地"本身快速持续及实质性的发展，更依存于具体、区域、多层"体育集聚经济单元"之间纵向产业逻辑链条的有机整合与无缝配置。因此，找准体育产业经济发展中不同层次、相对清晰稳定的"集聚经济单元"，洞悉其间纵向的产业逻辑，是制定科学、合理、有效体育"集聚经济"产业发展政策及措施的关键。2011年正式出台《国家体育产业基

[①] 由国家体育总局相关管理部门及调研过程中体育部门相关人员提供的信息。

地管理办法（试行）》，对国家体育产业基地概念、作用、申报条件等方面进行了明确，2012年国家体育产业基地的发展一度遇到瓶颈，2013年根据新出台的基地试行管理办法，国家体育总局正式命名了第一个县域集群型的苏南（县域）国家体育产业基地，使得国家体育产业基地的认证进一步得到发展与分化。2016年既是"十三五"的开局之年又是国家体育产业基地新一个十年工作的起点，国家体育总局颁布了《体育总局关于进一步加强国家体育产业基地建设工作的通知》，进一步完善了国家体育产业基地的概念体系和管理体系。近期在体育总局刚刚发布的《体育发展"十三五"规划》[①]中明确提出，要"进一步优化国家体育产业基地管理，树立国家体育产业基地品牌，全面提升国家体育产业基地品质及管理规范化水平"；要"统筹协调不同类型、不同区域、不同领域的体育产业基地发展，构建特色鲜明、类型多样、结构合理的国家体育产业基地布局，加快足球、冰雪等项目国家体育产业基地建设"。一方面对国家体育产业基地认定单元进一步分化与具体化；另一方面将国家体育产业基地作为体育产业发展的抓手，重视国家体育产业基地制度的认定与嵌入（图5）。

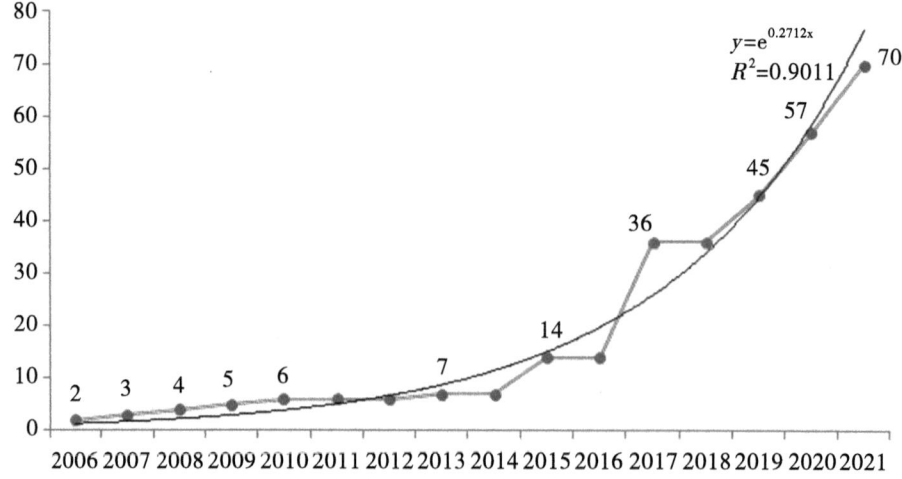

图5 "国家体育产业基地"实施历程及数量结构

---

①体育发展"十三五"规划[R]．国家体育总局，2016．

该阶段主要特点：
①国家体育产业基地管理体系进一步完善。

国家体育产业基地的建设中暴露出很多问题，如一些国家体育产业基地存在不作为现象，只是要了这个牌子，具体规划与开展一度停滞。但随着国家体育总局及党中央不断以条文的形式加以约束与规划，国家体育产业基地管理体系不断地完善。2013年认定了第一个县域国家体育产业基地，即苏南国家体育产业基地，在2015年11月先后认定了广西平果、浙江宁海、河南登封、湖北荆门、环青海湖、浙江淳安、安徽皖南7个国家体育产业基地，各基地明确了产业定位，制定了相应的产业基地管理办法等一系列措施，为产业基地的科学管理与有序发展奠定了政策基础。

②基地示范引领辐射效应凸显。

十四个国家体育产业基地的批设，使得国家体育产业基地在全国的布局上更为均衡合理，辐射面更广。体育制造产业与体育服务产业的发展也向着均衡化发展的方向发展。可以推论，随着不断发展，体育服务产业将成为我国体育产业发展的主体产业，其贡献将逐渐超过体育制造产业，成为我国体育产业的支柱。从十四家国家体育产业基地看，以体育服务产业为主要支柱产业的基地数量与以体育制造业为主的基本持平，尤其是2015年国家体育产业的认定，明显偏重体育服务业为主的产业基地的建设。这也为我国体育产业由制造业向服务业转型与发展奠定了基础。

第三节　国家体育产业基地制度实施关键因素

一、宏观政策支持

宏观经济政策的支持是国家体育产业基地制度得以实施的保障，只有在国家政策的支持下，国家体育产业基地才能更为健康有序地发展，才能有法可依，有法必依，才能避免各地为政绩而进行的功利性申请，只是申请到牌子，而不具体深入地进行规划与发展。在国家体育产业基地发展之初缺乏相应的管理机制，一度出现一定程度的申请动机的畸形，不利于产业基地的发展与认定。2011年《国家体育产业基地管理办法（试行）》的颁布，加之后续一系列的改进与完善，对国家体育产业基地的概念、认定、功能及建设等进行了较为具体、清晰的阐述，使得国家体育产业基地发展有了专门的政策依据，一定程度上规范、激励了国家体育产业基地的申报与管理。

二、政府的支持与配合

国家体育产业基地认定后，仍需要大量的工作来进行产业基地的建设，进而发挥产业基地的示范、引领及辐射效应。在具体的实施中各地政府是主体，只有各地政府加以重视，并支持配合，国家体育产业基地才能更为高效的发展。因此，要求各地政府在宏观政策下因地制宜地制定适合本地的政策，促进国家宏观政策的实施，从这一层面上来看政府的支持是国家体育产业基地制度实施的主要推手。政府在国家体育产业基地的建设中一方面依照国家相关政策在税收、土地使用及招商引资等方面进行落实与发展；另一方面应因地制宜，找准定位，为体育产业基地的发展创造更为宽松的市场环境，加快各项政策、措施的落实，在国家体育产业基地的建设中进行合理的规划与引领。

三、国家体育产业基地的产业发展

国家体育产业基地自身产业的不断发展与完善，反过来进一步验证国家体育产业基地制度的可行性与正确性，为国家体育产业基地制度的进一步实施提供了良好的经验借鉴与参考，也使得国家体育制度进一步得到人们的认可，进而为国家体育产业基地制度的进一步发展打下良好的基础。从2015年各地国家体育产业基地工作总结中明显可以得出如下结论：基地体育产业的集聚与发展较为迅速，体育产业增加值增幅在当地，甚至全省乃至全国处于领先水平，基地的经济辐射效应也得以充分发挥；各地也都积极招商引资，建立专项资金等不断加快国家体育产业基地的发展与完善。

本章小结

国家体育产业基地制度是在我国体育产业快速发展及国民经济不断转型的时期，受其他产业发展影响孕育而生。国家宏观政策支持与市场发展是国家体育产业基地制度产生的主要动力。从现有的国家体育产业基地看，基地的引领、示范及辐射作用较好地带动了体育产业的发展。

从"国家体育产业基地"制度诞生的历程来看，其发端于我国不同经济部门产业发展实践经验之间的"知识相互溢出"。"国家体育产业基地"的发展主要经过了概念性酝酿（2003—2005）、制度性确立（2005—2006）、探索性实施（2006—2011）、理性化发展（2012年至今）、分化与嵌入（2013年至今）五个阶段。在发展过程（2003年至今）中，尤其是近年来（2009—2013），"国家体育产业基地"发展存在的地方政府基地申报动力的政绩化、基地批设缺乏科学严谨程序、基地发展方向的模糊性及发展措施的盲目性、基地日常管理的空心化等现象值得警示。

国家体育产业基地制度的进一步实施与发展还需要国家层面的顶层设计，需要国家出台更为具体可行的国家体育产业基地管理办法。各地政府应积极实施与配合，制定适合自身国家体育产业基地发展相关政策，科学规划，积极实施，促进体育产业基地产业的不断集中与发展，进而进一步完善国家体育产业基地管理办法，促进体育产业健康有序地发展。

第三章 国家体育产业基地发展的特征分析

国家体育产业基地制度的实施已近十年,在建设与发展中形成了自身的特点,因此,对国家体育产业基地发展特征的研究有利于把握基地建设发展的方向、找到着力点,进而提高基地建设的合理性、科学性及有序性。本章从国家体育产业基地体育产业发展基础、基地体育产业分布、体育产业集聚属性、定位以及体育产业集聚路径等方面对国家体育产业基地发展的特征进行了较为全面、细致的分析,希望能为其他省市县国家体育产业基地的申报及建设提供一些借鉴与参考。

第一节 国家体育产业基地具有良好的体育产业发展基础

一、体育制造产业基础较好

体育产业在我国产业发展中表现出极度的不平衡,体育制造产业所创造的产值一直占体育产业总产值的绝大部分,这也就造成了早期国家体育产业基地建设主要以体育制造产业基础较好的地区为主。深圳国家体育产业基地,在2006年进行国家体育产业基地申请时已经积聚了各类体育企业1500多家,其中体育产品制造类企业总数已达到了近800家,形成了高尔夫用品、航模、滑雪器材、游艇、运动以及竞赛型自行车、健身器材等制造业的6大产系[①]。健身会所的数量和质量也居全国前列。晋江自1994年安踏

---

① 深圳国家体育产业基地管理办公室.深圳国家体育产业基地进展工作总结[Z].2010.

体育用品有限公司成立以后，先后有匹克集团、鸿星尔克集团、361°集团等企业在此诞生和发展，这些企业都致力于运动鞋帽服装的设计和生产，具有显著的家族和集聚特征。"2000年晋江运动鞋出口过亿，2001年晋江市被誉为'中国鞋都'，成为中国乃至世界主要的运动鞋生产基地，到2010年，晋江市体育用品产业拥有12家海内外上市公司，占全市26家海内外上市公司总数的46%，同时有26家运动用品相关领域的企业成为上市后备军，体育产业总产值占晋江市国内生产总值45%。"[①]

2009年，富阳地区集聚有8家生产赛艇系列产品的企业，产量占全国生产量的95%，产品远销80余个国家和地区；下辖的上官乡年产球拍超过1亿副，产值10亿元，占国内外中低档球拍市场份额80%以上；全市体育运动器材制造业和体育休闲服务业企业900余家，从业人员4万余人，产值约14亿元；经营性体育会所430余家[②]。拥有全国县级市首家职业男篮俱乐部——杭州永通职业篮球俱乐部；集聚中国龙舟研发基地、飞鹰游艇生产基地、永安山全国高山滑翔基地、金都国家网球训练基地等体育研发与训练机构。

乐陵体育产业起步于20世纪70年代末，现已成为乐陵市最具实力、活力和潜力的战略产业。2010年，乐陵体育产业销售收入已突破100亿元，全市规模以上体育用品生产经营及配套企业达60多家，从业人员1.85万人，形成了由体育器材、体育用品原材料、服装、广告、文化传媒、功能性饮料、运动专用医药等多个领域组成的体育产业体系。尤其竞技类体育器材生产企业，占全国市场份额的90%以上，产品远销美国、欧盟、俄罗斯、日本、加拿大等30多个国家和地区；2009年乐陵市体育产业销售收入即已突破100亿元[③]。乐陵泰山体育产业集团与中国科学院、华东理工大学及山东大学合作建立了3个体育用品研发中心，自主研发的纳米人工草丝拉丝、碳纤维纳米比赛用杠面、电动撑杆跳高架、"爱动"在线运动健身产品等均具有国际领先水平，是北京奥运会和第十一届全运会最大的器材供应

---

① 黄速建.中国产业集群创新发展报告2010-2011：构筑集群创新能力[M].北京：经济管理出版社，2010：30.
② 富阳国家体育产业基地管理办公室.富阳国家体育产业基地申报材料[Z].2009.
③ 乐陵国家体育产业基地管理办公室.乐陵国家体育产业基地申报材料[Z].2010.

商。"泰山"品牌价值经国家权威部门评估认定，高达118亿元。

可见，国家体育产业基地在最初申请中主要以具有良好体育制造产业为基础的地区，这也就使得国家体育产业基地具有较好的体育产业基础，为体育产业的进一步集聚与发展奠定了良好的基础。

二、体育资源禀赋较好

现有的十四个国家体育产业基地，绝大多数具有较好的体育资源禀赋，这也是体育产业基地申请建立的必要条件之一。河南登封以其少林武术产业而闻名世界，少林武术的丰富历史文化资源是其成为国家体育产业基地的主要基础。河南登封依托少林武术产业，致力于发展武术文化旅游、培训及竞赛表演等产业。2013年6月登封市被河南省体育局命名为河南省体育产业基地。嵩山少林寺武僧团培训基地教育集团已经被授予国家文化产业示范基地；登封依托"天地之中"文化旅游专业园区，以景区、武术院校为主要市场，大力开发武术器械、散打护具、武术服装、武术影视制作等旅游纪念品。目前，已有武术产品生产加工、开发和销售的企业200余家，部分产品远销德国、法国、美国等国家和地区，全年实现销售收入3亿多元[①]。

苏南国家体育产业基地中的溧阳市依托优美自然山水资源大力发展体育旅游业，确立了体育产业"绿色崛起、跨越发展"理念，实行以"体育+旅游"特色发展模式。这些都源自十多年前的华丽转型，因为传统的山水旅游业已无法满足这座古城的发展。溧阳市着力推动了体育与旅游的融合发展，利用山水资源大力发展体验式户外体育休闲旅游，在此基础上又引进一些水上运动器材装备企业进驻，形成了体育服务与体育制造业互相促进发展的局势。

环青海湖国家体育产业基地依托环青海湖地区的生态、人文、自然资源等，积极举办各类"环湖赛"，在"环湖赛"举办之初的2002年"青海旅游收入不足10个亿，来青海的旅游者150万人次，而2005年青海的旅游业收入达25亿元，旅游者达到400万人，2006年1月至10月共接待游客约803.5

---

①登封国家体育产业基地管理办公室.登封国家体育产业基地工作总结材料[Z].2015.

万人次，旅游总收入约34.86亿元人民币。"[①]在"环湖赛"这张名片打出后，又先后举办了各类国内、国际环湖、登山、徒步等户外体育赛事。青海多巴高原体育训练基地被列为2008奥运会备战基地之一，也给青海体育旅游、培训等带来了较大发展。

宁海静卧东海之滨，独特的自然与人文资源，使得宁海户外运动成为了县域发展的一张王牌。宁海最初体育产业发展支柱以体育用品制造业为主，是全国著名的"登山杖之乡"。直到2009年国家级登山健身步道落户于此，人们才逐渐认识到体育服务业的巨大潜力，相继建成了国家级登山健身步道、中国户外运动基地、国家级综合性自行车运动基地等项目。2012年体育产业成为宁海县新的增长点，2013年宁海县被命名为浙江省首批运动休闲基地。

黄山作为风景名胜被人们熟知，在黄山市可供旅游观光的景区点有60余处，其中世界遗产地2处，国家级重点风景名胜区3处，国家地质公园2处，国家森林公园3处；可供观赏的地面文化5000多处，可谓旅游资源丰富。皖南各地从2008年开始，依靠黄山、九华山、天柱山、太平湖、升金湖等自然景点先后成功举行了"黄山国际登山节""黄山论剑""黄山国际健走节""黟县国际山地自行车大赛"等具有影响力的体育旅游品牌赛事[②]；天柱山则依靠"天柱第一城国家体育训练基地"与"国际体育挑战赛的赛事"结缘，并相继成功举办了安徽天柱山首届登山大赛、安徽省攀岩大赛等。

可见，国家体育产业基地具有较高的体育资源禀赋，这也为体育产业的发展奠定了坚实的物资基础，为体育产业的进一步发展与融合创造了条件。

三、强有力的政策保障

北京龙潭区体育产业呈现明显的要素集聚特征。该地区成为了体育行政总部的中心，包括国家体育总局、中华全国体育总会和中国奥委会等机

[①] 子宜，琪皓，昝慧方."环湖赛"领跑青海体育产业[N].青海日报，2004-08-04.
[②] 叶曼.安徽省黄山市体育旅游资源开发现状研究与SWOT分析[D].上海：上海体育学院，2010.

构的驻地。此外，龙潭湖还有30个运动项目管理中心和体育协会，形成了一个重要的运动项目管理和人才培养中心。在体育传媒和科研领域，中国体育报业总社和国家体育科学研究所等机构也集聚于此，为体育产业的发展提供了专业的支持。

该地区还拥有一系列重要的体育训练设施，如北京体育馆、国际网球中心、中国棋院和国家体育总局训练局等。这些场馆资源和体育设施为各类体育训练活动提供了良好的基础条件。同时，近800家经营体育产业的机构和企业，如李宁和动向体育等，也在此地设立了体育产品销售中心，为体育产业的商业化运作提供了支撑。

北京奥运会的成功举办为龙潭湖地区的体育产业发展提供了丰富的资源和遗产。丰富的体育场地设施为各类赛事和训练活动提供了充足的场地保障。此外，得益于便利的条件和国家政策的支持，龙潭湖地区成功打造了国家体育产业基地，为体育产业的进一步发展奠定了坚实的政策基础。

成都国家体育产业基地申报初期并没有较好的体育产业基础，主要通过强有力的政府干预，以成都国家海峡两岸科技产业开发园及成都"蓉城西湖"项目作为投资承载体，由知名跨国体育营销公司（IMG集团）进行高规格的规划设计，人为引导体育产业发展要素的集聚。2006年已有青岛英派斯集团、好家庭实业、泰山体育产业集团、广州波尔等18家体育用品公司与基地签约落户[①]。

综上所述，现阶段国家体育产业基地有着较好的产业基础、资源禀赋、政策基础等产业发展基础，对接下来各地对国家体育产业基地的申报与建设有着较强的借鉴与参考价值。

从现有的"国家体育产业基地"看，体育产业的集聚程度及产业发展基础以福建晋江最为显著和典型（表3）。

---

① 成都国家体育产业基地管理办公室. 成都国家体育产业基地申报材料［Z］. 2006.

表3 晋江国家体育产业基地体育产业基础分析

体育产业发展基础			
产业基础	经济基础	合作基础	设施条件
2009年，体育用品业增加值达195.67亿元，从业人员32.55万人，占全社会的四分之一。2012年体育产业增加值271亿元，占GDP25.33%；从业人员31.94万，占全社会26.21%；有国家级体育品牌42个；2004年至今累计广告投放80亿元；赛事赞助30亿，14家体育用品上市公司	福建晋江地区具有良好的体育产业发展经济社会基础。2005年时晋江地区GDP总值已超500亿元；2008年晋江人均GDP已达6309美元；2012年地区生产总值1070亿元，人均GDP超过1万美元；处于体育产业发展和体育消费快速增长期；区域体育产业发展具有良好的经济基础和背景	2004年以来，赞助中国羽毛球队、体操队、举重队、立陶宛国家队等20多支国家队；赞助CBA、WCBA、全国排球联赛、全国乒乓球超级联赛等重大赛事17项；聘请易建联、斯科拉、孙杨、丁俊晖等体育明星代言人90人。实现了与国家体育总局各类资源的全对接	全国体育先进市、群众体育先进市、武术之乡；高尔夫球场、大型体育中心，具备举办国家大型赛事的能力；篮球场800多个，健身场200多个；每年举办篮球、排球等群众性赛事1千多次；健身会所50余家；每天锻炼者占40%；体育消费占家庭年收入近2%

数据来源：晋江国家体育产业基地管理办公室提供。

第二节 国家体育产业基地产业布局与综合辐射效应

一、国家体育产业基地的区域分布特征

截至2015年底，国家体育总局共命名了14个国家体育产业基地，覆盖了全国12个省、自治区、直辖市，其中东部8个、中部4个、西部2个，东西部存在较大差距。按行政区域划分，如表4所示，华东有7家，占到总数的

一半；华北、西南、西北各1家；华中、华南各2家，而东北地区没有，可见分布相对集中。结合我国区域地图，可以清楚地看到东部沿海地区已经由"点"连成了"线"，甚至可称为"体育产业带"。从整体上看14家基地形成了近似"U"形的分布，其中北京、河南、安徽、湖北单独成一条线。因此，"国家体育产业基地"的地理位点布局，除东北三省外，呈现南北大体等距均衡布点；从经济地理版图东西维向看，主要集中在东部沿海经济发达地区。这符合我国体育产业发展的整体区位发展梯度及经济发展水平规律。从经济地理空间向度，较好地体现了"国家体育产业基地"体育集聚区的综合辐射效应，具体分布情况如表4所示。

表4 国家体育产业基地区域分布情况

区域	国家体育产业基地	数量
东北	—	0
华东	苏南、富阳、宁海、淳安、皖南、晋江、乐陵	7
华北	龙潭湖	1
华中	登封、荆门	2
华南	深圳、平果	2
西南	温江	1
西北	环青海湖	1

根据2015年底各基地工作总结呈报的数据，各基地所在市、县、区的体育产业增加值GDP占比均明显高于所在省平均水平，各基地发挥出显著的产业引领和示范推动作用。这也与我国产业发展水平相吻合，较好地体现了国家体育产业基地体育集聚区的综合辐射效应。

二、国家体育产业基地的产业集聚分布特征

体育产业的分布尤其是体育制造产业与我国其他产业分布有着紧密的联系，体育服务产业受政府影响较大。从整体上看，国家体育产业基地的

产业集聚分布的主要特征有以下几个方面。

（1）呈现出非平衡状态，表现为宏观集聚，微观分散

从宏观上来看体育制造产业主要集中在深圳、乐陵、晋江、温江、富阳、荆门等国家体育产业基地，依托当地企业的发展，体育产业聚集程度较高，表现出集聚的特征；体育服务产业主要集中在北京龙潭湖、平果、宁海、环青海湖、皖南等国家体育产业基地，依托政府的扶持而集聚发展。从微观上来说，除晋江国家体育产业基地的产业链较为完整外，其他基地表现出一家独大的特点，与其他产业缺少交流与合作，产业链不完整，表现为"点"，比较分散。

（2）以政府、本地资源、地理人文环境为基础

国家体育产业基地的产生本身是一种政府的干预的结果，是国家为了充分发挥体育产业的聚集效应、规模效应和区域辐射效应，促进各地不同门类体育产业的发展，体育总局支持地方政府创建起来的，这也就注定了基地产业分布受国家、政府宏观调控的影响，因此，国家体育产业基地的产业分布表现出较强的政府依赖性。体育产业的聚集在我国主要受政府影响，但市场与本地自然生态人文环境也是极为重要的两个方面。体育制造业受市场影响较大，如晋江，传统的鞋服生产加工业，促进了运动鞋服产业的产生和发展，因此市场也极大影响了体育产业的分布。以体育休闲旅游、竞赛表演、培训等为主的体育服务产业的分布主要受当地自然人文环境的影响，如皖南、环青海湖、宁海、溧阳、登封等国家体育产业基地的产业分布，主要受当地自然人文环境的影响。

（3）集聚分布空间相对狭小

在我国，体育产业作为较为新兴的产业，2015年体育产业增加值仅占全国GDP增加值的0.7%，从整体上说所占比重还比较小。这也一定程度上说明体育产业的总体较少，分布空间较小。国家体育产业基地的产业集聚一般以体育产业园、体育休闲度假村等形式，有的甚至依托其他产业区，在空间分布上还比较狭小。

（4）具有较强的辐射性

发挥国家体育产业基地的辐射效应是基地建立的目的之一。从现有的国家体育产业基地看，体育产业分布具有较强的辐射性。山东乐陵国家体育产业基地位于国家发展战略的黄河三角洲高效生态经济圈，便利的交通条件使得该区能够较好地辐射到京、津、冀等地区。成都温江国家体育产业基地的产业集聚能够有效辐射到川、渝、黔、云、贵、陕、青等地区，并能与环青海国家体育产业基地共同作用，带动西部体育产业的发展。福建晋江、深圳国家体育产业基地不仅能够有效辐射国内沿海地区，也能衔接东南亚等地区。"龙潭湖国家体育产业基地"在政府强有力地推动下发展迅速，有力地带动了京津经济圈区域体育产业的快速发展。浙江"富阳国家体育产业基地"，以其明显的体育器材制造业集聚、良好的区域经济发展基础和优越的产业区位优势，促进了长三角重要城市地区体育产业要素的集聚和发展。

三、国家体育产业基地产业集聚效应

（1）为多种业态资源有机融合提供可能

国家体育产业基地产业集聚发展，促进了多种业态资源的有机融合发展。经典的体育产业融合模式一般有三种，即"数字技术与体育产业融合模式、产学研融合一体化模式、民族传统体育与旅游融合模式。"[1]北京龙潭湖国家体育产业基地与深圳国家体育产业基地可以说是我国数字技术与体育产业融合模式的典范，两者都致力于打造数字体育产业基地。其中深圳在规划中提出，"国家体育产业基地是以数字体育为核心，以高科技体育产品研发、生产、服务为主导，以特色园区为支撑的开放型、综合性产业聚集区。"[2]产学研融合一体化发展模式里，具有代表性的是乐陵国家体育产业基地，基地内"拥有国家体育行业唯一的优秀体

---

[1] 彭广建. 刘琼丽. 体育产业融合发展模式研究［J］. 湖南工程学院学报，2013（3）：122-126.
[2] 2015年深圳国家体育产业基地发展报告。

育用品工程技术研究中心，拥有1个国家级博士后科研工作站、1个产业技术联盟、1个国家认定企业技术中心"。在其2015年国家体育产业基地报告中指出，在广泛开展研发新技术、新工艺、新材料的基础上"形成以科学技术创新为先导、以自主知识产权为核心、以科技成果转化为要求、以产学研结合为平台的科技创新体系，打造集研发、生产、培训、物流、实验检测、运动示范于一体的国家体育用品科技创新示范基地。"[①] 民族传统体育与旅游的融合发展最为成功的是河南登封国家体育产业基地，它结合当地的少林武术文化和资源，大力发展旅游业和武术培训教育，促进民族传统武术与旅游的相互融合，进而形成合力，促进体育产业和旅游资源的集聚与发展。

国家体育产业基地产业集聚有利于多种业态资源的融合发展，这也是体育产业基地产业集聚发展的必然结果。在多种业态资源的集聚发展中，必然有些业态能够打破屏障，寻找到适合的结合点，进而进行融合发展，这是体育产业基地产业集聚效应较为突出的表现之一。

（2）体育产业集聚具有广泛的辐射效应

国家体育产业基地建立的目的在于发挥其辐射效应，促进全国体育产业的发展，而国家体育产业基地的辐射效应还需要体育产业发挥辐射效应。从现有的国家体育产业基地产业看，体育产业集聚具有较强的辐射性。如一些知名体育用品生产企业李宁、安踏、361°等，在晋江、成都、深圳等国家体育产业基地均有公司，也可以说这些企业的发展促进了这些国家体育产业基地产业的集聚，反过来体育产业的集聚又促进了这些企业的进一步发展。

从国家体育产业基地层面来看，山东乐陵国家体育产业基地位于国家发展战略的黄河三角洲高效生态经济圈，便利的交通条件使得该区的产业集聚能够较好地辐射到京、津、冀等地区。成都温江国家体育产业基地的产业集聚能够有效辐射到川、渝、黔、云、贵、陕、青等地区，并能与环青海国家体育产业基地共同作用，带动西部体育产业的发展。福建晋江、深圳国家体育产业基地不仅能够有效辐射国内沿海地区，也能衔接东南亚

---

①2015年山东乐陵国家体育产业基地发展报告。

等地区。

从现有的14家国家体育产业基地看,体育产业集聚具有较强的辐射性,一些知名体育企业在国家体育产业基地广泛存在,并对国家体育产业基地的发展发挥着不可替代的作用。因此,可以说知名体育企业的集聚与国家体育产业基地产业发展具有互利性,或者共生性。

(3) 形成规模效应,节约成本

国家体育产业基地产业集聚必然形成一定的规模发展,规模发展一定程度上节约了成本,进一步促进了体育产业的集聚发展。如晋江国家体育产业基地,"经过40多年的发展,聚集了近3000家体育用品生产企业,1500多家专门为成品鞋配套生产的鞋底、鞋面、皮革、化工、扣锁五金制品等专业厂家;拥有大量模具开发、鞋样设计、管理咨询、形象策划、营销推广、出口代理等专门为生产性企业提供服务的配套行业,形成了分工明显、生产协作、市场同步的完整体育用品产业链系。"[①]晋江国家体育产业基地内集聚了361°、安踏、特步等多家体育鞋服生产企业,这些知名企业的集聚发展势必降低运动鞋服生产、运输、库存及交易中的成本,基于相似的原材料需求及成品,在采购与销售中也一定程度上节约了成本,在劳动力的聘请中也会节约大量的成本,有利于国家体育产业基地产业的进一步集聚与发展。

国家体育产业基地产业集聚,尤其是知名企业的集聚,能够吸引更多的知名企业前来投资办厂,同样也能吸引更多的此类商品的需求者前来洽谈、购买,可以说这种集聚发展是一种共赢的发展,既有利于企业的进一步发展,也为消费者提供更丰富的选择,最终促进当地体育事业的发展。

(4) 促进信息、知识等资源共享

国家体育产业基地的产业集聚发展必然有利于一些核心技术和产业信息更快、更及时地扩散与传播,进而实现资源共享。国家体育产业基地产业集聚一定程度上提高了该基地的知名度和竞争力,促使一些体育企业慕

[①] 邢尊明,程一辉,扈伟,等. 国家体育产业基地:实施进程、特征分析与推进策略[J].体育科学,2014(1):64-67.

名而来，相互学习与借鉴。这也一定程度上促进了企业间的交流与合作，进而提升企业的生产效率，使得资源能够得到最大化的利用。这种交流与合作也促进企业内部的结构升级和整合，有利于企业的规模发展和机构合理化发展。

体育产业集聚有利于国家体育产业基地提升自身的知名度和竞争力。多种企业的集聚发展也为企业间进行交流与合作提供了可能，使得一些企业不必耗费大量的人力、物力、财力等去学习其他知名企业的发展经验，在本地就可以去观摩、借鉴、学习其他知名企业的发展经验，在科研上可以相互交流与合作，进而实现知识、信息等资源的共享，提高生产效率。

第三节　国家体育产业基地集聚产业属性分析及定位特征

一、国家体育产业基地集聚产业属性

各个"国家体育产业基地"的体育产业发展基础的产业属性具有较明显的差异性。产业类型在经济学上主要有两大领域、两大部类分类法，三次产业分类法，资源密集度分类法和国际标准产业分类法。一般我们采用三次产业分类法，即第一产业为农业、第二产业为工业、第三产业为除第一、第二产业之外的其他各业，一般包括流通部门和服务业。体育产业的概念一般是"为社会提供体育物质产品和体育服务产品的产业部门的总称。"[1]2015年为了进一步科学规范体育产业统计与调查，将体育产业范围确定为"体育管理活动，体育竞赛表演活动，体育健身休闲活动，体育场馆服务，体育中介服务，体育培训与教育，体育传媒与信息服务，其他与体育相关服务，体育用品及相关产品制造，体育用品及相关产品销售、贸易代理与出租，体育场地设施建设等十一大类"，整体上看体育产业属于第三产业，以体育服务产业为主，以其衍生出的体育用品和器材、装备

---

[1]方春妮.体育产业集群研究［D］.上海：上海体育学院，2009：21.

制造产业为辅。但在我国体育产业发展还不够成熟，处于快速发展提高阶段，体育制造业所创造的产值占据体育产业的绝大多数。截至2015年底，国家体育产业基地共有14家，其产业基础类型大致可分为以体育器材装备、鞋服生产制造等集聚为主的制造业示范基地、以体育培训、体育赛事组织和管理、体育旅游等集聚为主的服务业示范基地及两者协调发展的综合性产业基地。

具体到14家国家体育产业基地，以体育制造业为主的产业基地主要有：广州深圳、福建晋江、浙江富阳、山东乐陵、湖北荆门国家体育产业基地。以体育服务业为主的国家体育产业基地主要有：北京龙潭湖、浙江宁海和淳安、河南登封、广西平果、环青海湖及皖南国家体育产业基地。较为综合的为成都温江与苏南国家体育产业基地，具体如表5所示。

表5　国家体育产业基地集聚产业属性

国家体育产业基地	基础产业属性	产业类型
深圳	体育健身器材制造业	体育制造产业
温江	体育器材制造与体育休闲服务产业	体育生产、服务产业
晋江	以体育鞋、服、帽为主的体育服装产业	体育基础制造产业
龙潭湖	高端体育商业服务产业	体育服务产业
富阳	中小型体育器材装备生产行业	体育制造产业
乐陵	大中型体育器材及运动装备制造行业	体育制造产业
苏南	体育器材制造与体育休闲服务产业	体育生产、服务产业
宁海	体育表演、体育休闲旅游服务业	体育服务产业
登封	以武术表演、培训为主的体育服务业	体育服务产业
平果	体育休闲旅游服务业	体育服务产业
荆门	体育鞋服产业与器材制造业	体育制造产业
溧阳	体育休闲旅游服务业	体育服务产业
环青海湖	体育赛事管理、休闲旅游服务业	体育服务产业
皖南	体育休闲旅游服务业	体育服务产业

数据来源：整理自各国家体育产业基地工作总结汇报材料及调研数据。

广州深圳体育产业基础类型表现为体育器材生产制造及高端体育研发为主的体育制造业产业基地，近年来重点发展体育竞赛表演市场，致力于协调发展体育制造与体育服务业的综合性体育产业基地。成都温江依靠政府支持，发挥政策优势发展，成为集体育用品制造、体育赛事组织和管理及运动体验为一体的综合性体育产业基地。福建晋江大力发展由传统的鞋服生产作坊发展起来的运动鞋服生产为主的体育服装产业，并提出了加快体育、文化、旅游三业的融合发展。北京龙潭湖地区以其优越的体育组织机构密集优势成为国家体育产业基地，在产业基础属性上属于高端体育服务产业。浙江共有3家国家体育产业基地，其中，富阳体育产业基地的产业属性为以水上运动器材、球拍等为主的中小型体育器材装备行业，近年来，大力发展体育旅游、体育赛事组织和管理等，逐渐成为较为综合性的体育产业基地；宁海和淳安国家体育产业基地均依托良好的生态环境，从属性上主要是以体育休闲、旅游、竞赛表演等为主的服务型体育产业。山东乐陵以泰山体育产业集团为首，聚集了一批大中型体育器材及相关装备生产企业，其产业属性主要为大中型体育器材及相关运动装备制造产业。苏南国家体育产业基地主要包括昆山市、江阴市、溧阳市的体育产业，既有昆山、江阴以体育用品制造业为主的体育产业，又有溧阳以体育休闲、竞赛表演、培训旅游等为主的体育服务业，从整体上说属于较为综合的体育产业基地。其中，昆山市在高新体育用品制造和研发上取得较大成果，江阴市体育用品制造企业主要以球类（羽毛球、乒乓球拍）、运动器械、人工运动场地制造、游泳池设备、制艇等的中小企业为主。广西平果国家体育产业基地产业基础类型为以体育竞赛表演、体育旅游等为主的体育服务产业。河南登封国家体育产业基地依托传统武术文化，产业基础类型为以武术文化旅游、培训、竞赛表演等为主的体育服务产业，并大力开发武术器械、散打护具、武术服装、武术影视制作等旅游纪念品产业。湖北荆门国家体育产业基地形成了以运动服装、鞋类及体育用品原材料等多个领域的体育产业体系，其产业基础类型为以运动鞋服、体育器材制造等为主的制造业示范基地。环青海湖（县域）国家体育产业基地依托其生态环境形成了以体育旅游、培训、竞赛表演等为主的体育服务业示范基地。皖南（县域）国家体育产业基地依托黄山旅游业，形成了以体育健康休闲、旅游、赛事组织管理等为主的体育服务业。

从14家国家体育产业基地的发展来看目前制造业和服务业基地的数量大致平衡,这也符合体育产业以制造业为出发点向服务业转型升级发展的方向。同时也表现出一定的综合性,体育服务产业为主的基地着重开发体育器材、纪念品的生产制造等产业,体育制造业产业为主的基地则着重开发体育观摩、培训、旅游等产业。

二、定位特征

根据体育产业发展基础、体育产业集聚要素资源禀赋及区位特点等提出的"国家体育产业基地"产业目标定位,对于"国家体育产业基地"的发展具有决定性的牵引和导向作用。其直接决定着各类制度、措施等基地发展决定性要素的生成。从各个"国家体育产业基地"发展目标定位看,各"国家体育产业基地"皆在立足自身传统优势特色体育产业的基础上,向综合、多元的体育产业结构发展。

广东深圳立足于发展高端体育用品研发和高端体育服务产业。四川成都定位于集体育用品制造、体育会议展销、体育休闲和体验运动于一体的体育产业基地。福建晋江以体育用品制造业为主,拓展体育健身娱乐和体育竞赛市场。北京龙潭湖定位于以体育行政与知名体育企业总部基地为主,集体育信息交流和体育运动休闲于一体的国际化高端体育产业集聚区。浙江富阳立足于发展运动休闲产业和特色体育装备制造业。山东乐陵定位于体育用品制造和体育装备制造。广西平果致力于"体育城""体育品牌"的建设,定位于体育休闲服务产业。浙江宁海定位于以山水为特色,发展大众为基础的户外运动模式。河南登封依托少林武术文化,着力发展以武术观光旅游、表演、竞赛、培训等为主的服务产业。荆门着力建设大健康产园,立足于体育器械生产与制造。"环青海湖"在推广各类环湖赛的基础上,开展具有民族特色和地域特色的体育休闲旅游。浙江淳安县致力发展"山水+"体育运动体育产业模式。皖南依托旅游资源,开发一批体育旅游产品,致力于发展以体育休闲旅游为主的体育服务产业基地(表6)。

第三章　国家体育产业基地发展的特征分析

表6　"国家体育产业基地"产业发展目标定位分析

基地	产业目标定位
深圳	发展高端体育用品研发和高端体育服务产业；以数字体育为核心，以高科技体育产品研发、生产、服务为主导，以特色园区为支撑的开放型、综合性产业聚集区
温江	西部地区环境最好、规模最大、品位最高的集体育用品制造、体育会议、展销和体育休闲、体验运动于一体的体育产业基地。致力于建设西部"体育用品研发制造中心""体育会议展销中心"和"体育休闲体验运动中心"。将建设成为中国西部第一、全国前列的以体育旅游、体育休闲、体育服务和品牌赛事为主导的新型产业城市和中国西部最大的新概念体育休闲特区
晋江	晋江具有体育用品制造业集群的优势，率先提出打造中国第一个"体育城市"；打造全球体育装备制造业基地和国家级运动训练基地；打造全国体育赛事中心城市
龙潭湖	集总部、研发、赛事组织、信息交流于一体的国际化高端体育产业集聚区；着重发挥国家体育组织集聚的区位优势，重点培育体育中介业，发展体育总部经济、体育用品销售和体育国际商业服务
乐陵	集体育用品（大型体育器材、运动材料研发）研发制造、销售、集散为一体的综合性体育产业基地。被国务院列入黄河三角洲高效生态经济区体育装备制造基地
富阳	发展特色鲜明、优势突出、科技含量高、市场竞争力强的体育产品。进一步扩大规模，巩固游艇、球拍、健身器材产品的市场主导地位。要积极发展体育服务业。加强对游艇、高尔夫、汽车等运动休闲产品研究，通过开发高端运动休闲产品、城市运动休闲产品、赛事运动休闲产品等运动休闲服务业发展

（续表）

基地	产业目标定位
平果	县委、县人民政府提出"一园两城七品牌"发展模式，其中"两城"含"体育城"，"七品牌"含"体育品牌"，体育成为平果县经济社会发展的重要战略。跟踪服务好广西射箭射击训练基地、全国山地自行车训练基地、全国定向越野训练基地，全国内河帆船训练基地、国家篮球训练基地项目，不断丰富项目支撑产业发展的平台
宁海	依托良好的生态资源、独特的产业优势，制定体育产业、体育设施布局、运动小镇系列规划，做强做大中国运动休闲大会系列赛事，推动国家登山步道、自行车休闲绿道、体育旅游精品线路三个线性项目，重点扶持户外用品制造，创新培育"体育+"，探索发展以山水为特色、产业为支撑、大众为基础的户外运动模式
登封	依托少林武术资源，"加快'天地之中'文化旅游产业园区及基础设施建设，推进以文明交流、文化体验、休闲观光、健康养生、少林功夫演艺展示、文化创意等为主的文化旅游产业大发展、大繁荣。"
荆门	建设大健康产业园，到"十三五"末，产业基地体育健康产业面积达100平方千米，产值达到500亿元，项目达到120个，产业工人达到10万人
环青海湖	重点建设青少年户外活动营地、军事主题游乐园、汽车营地、户外活动营地、自行车营地等，达到"体育行为普遍化、体育生活常态化、体育市场全球化、体育旅游便利化、体育消费个性化、体育选择精准化"。做大做强环湖赛。每年开展的赛马、射箭、锅庄舞、转经等地方民族特色体育项目成为了牧区群众名副其实的"摇钱树"，让更多的贫困家庭实现了增收致富
淳安	淳安县致力发展"山水+"体育运动体育产业模式，打造具有影响力的大型赛事活动，凸显了千岛湖休闲运动品牌影响力，环湖绿道被评为中国体育旅游精品线路
皖南	培育一批体育旅游产品，合理规划布局一批体育产业基地，打造一批品牌体育赛事活动，为加快皖南产业基地转变经济发展方式提供重要支撑

数据来源：整理自各"国家体育产业基地"工作总结汇报材料及调研数据。

本章小结

针对国家体育产业发展特征的研究还较少，对于国家体育产业基地产业集聚属性特征的研究几乎没有。本研究中的一些界定只是借鉴其他产业基地发展归纳总结而来，在学术上还没有严格的界定，一些观点也值得进一步商榷，但整体上已对国家体育产业基地产业的发展特征进行了概述，也希望在今后的研究中能够进一步进行完善和改进，使得国家体育产业基地产业属性特征更为明确与具体，更有利于基地的建设与发展。

第四章　国家体育产业基地的产业集聚机理

体育产业的空间集聚是当前我国体育产业发展的重要特征，也是我国体育产业基地形成的前提和基础。本章主要从国家体育产业基地产业集聚的主要影响因素、产业集聚动力机制及集聚模式等方面对国家体育产业基地产业集聚机理进行分析，提供对国家体育产业基地形成与发展机理更准确的介绍，进而为其他产业基地的申请与建设提供借鉴。

第一节　国家体育产业基地的产业集聚因素

一、空间政策因素

在当前我国的国家及地方体育产业政策体系中，鲜有基于体育产业自身特定规律和需求的原发产业政策。现有的体育产业政策体系和政策工具，基本皆是其他经济领域产业政策知识溢出和平移复制的结果。其中，以体育产业空间地理集聚为主要目的和特征的国家体育产业基地政策，是这一政策模仿复制效应的典型代表。20世纪六七十年代，全球主要工业国家陆续迎来新的经济危机，大规模的扩张式生产方式遭受了重大挑战，各个国家和地区开始探索新的区域经济增长动力。在此背景下，研究发现，意大利东北部和中部地区的中小制造企业不仅保持着活力，而且依然拉动着地方经济的快速增长，这一现象引起了业界和学界的普遍和广泛关注。贝卡蒂尼（Beccatini）针对这一现象展开了系统研究并发展了马歇尔（Marshall）的产业区概念，创新性地提出了"意大利产业区"概念。这一概念不仅在学术上成为意大利制造业集聚现象的代名词，同时也进入了政策范畴，成为意大利经济统计单元和政策性空间，用以引导地域性的专业化产业发展，促进中小企业集聚和提升整体竞争力。实际上，产业空间集聚也是我国体育产业的一种重要且自然的产业发展和演进形式。在我国各地尤其自然散布各类体育制造业业态的地方，大量联系密切的体育企业以及相关支撑机构在空间上集聚，既可以形成强劲、持续的体育产业生产及竞争优势，为同类体育竞争性企业带来要素信息共享、体育市场信息共享、中间投入品效应以及降低信息交换成本等优势，创造出更大的体育市场需求空间，又可以促使产业链的上下游企业间形成密集的网络关系，为体育企业生产并改进产品提供充分的弹性。空间政策知识因素的促动，是我国体育产业基地政策诞生的重要推动力量之一。这其中，以运动鞋服生产为集聚特征的中国晋江国家体育产业基地是典型代表。

二、历史基础因素

关于历史，我们一般从政治、经济、文化、社会、军事等方面来进行论述；历史基础也就是某一时间段、某地区的政治、经济、文化、社会、军事等发展情况。国家体育产业基地产业集聚从根本上说受国家政治、经济影响较大，尤其是体育制造产业，而体育服务产业的发展还受到社会、生态、文化环境等的制约。我国体育产业发端于计划经济时代，当时国家宏观调控产业的发展与布局，在改革开放初期国家重点发展东部沿海地区，在政策上给予倾斜，大力发展制造业和对外贸易，使广东、福建、浙江、江苏、山东等地制造业与对外贸易发展迅速。现阶段，以体育制造业集聚为主发展起来的国家体育产业基地主要为深圳、福建晋江、浙江富阳、苏南江阴、昆山国家体育产业基地，这与当地的经济发展基础是分不开的。随着市场经济的不断发展成熟，国家适时推出了中部崛起战略和西部大开发战略，在国家政策的影响下河南、安徽、湖北、四川等地得到快速发展，这些地区的发展一方面得益于当地经济基础，另一方面得益于国家政策的扶持。在国家体育产业基地中，成都温江体育产业的聚集与发展就是典型的案例。在国家西部大开发战略政策实施下，国家积极支持发展成都基础设施建设，鼓励体育企业进驻与建厂，因此，温江体育产业不断集聚，进而形成了较为综合的国家体育产业基地。体育服务产业集聚主要是在政府的支持下利用当地社会文化环境不断集聚发展。河南登封国家体育产业基地的产业发展受其悠久的武术文化影响较大，尤其1997年河南少林寺实业有限公司的成立，带动了武术培训、武术竞技表演、武术器械用品的生产与制造等产业的聚集与发展。

因此历史基础是国家体育产业基地产业集聚最重要、最基础的影响因素之一。

三、经济区位因素

经济区位是经济地理学的一个重要概念，一般指"地理范畴上的经济增长带或经济增长点及其辐射范围"[①]。目前很多经济学者、专家将我国分为八大经济区，也正是经济区位因素的重要体现。这八大经济区制造业发展较为集中的为北部沿海、东部沿海、南部沿海综合经济区，主要包括国家体育产业基地所在的北京、山东、江苏、浙江、福建、广州等地，这也为基地体育制造产业的集聚创造了条件。制造业属于劳动密集型产业，这些地区经济的发展吸引更多人才及劳动力的进入，这也为体育制造业的集聚与发展奠定了人力基础。四川、广西位于大西南综合经济区，区域内旅游业发展较为迅猛，区域内聚集了一批旅游服务业与旅游用品制造业。在旅游业的基础上成都温江、广西平果大力开发体育休闲旅游业，进而促进了体育休闲旅游等服务产业的集聚发展。青海位于大西北综合经济区，是我国特色旅游基地，环青海湖国家体育产业基地的产业集聚与发展受旅游业的影响较大，也是体育休闲旅游、运动竞赛、表演等产业集聚的主要原因。

不同的经济区位形成了不同特色的产业快速发展，这些产业的发展为体育产业的发展提供了条件，因此，区位经济是国家体育产业基地产业集聚的重要影响因素之一。

[①] 百度百科. 区位经济 [EB/OL]. [2021-08-20]. http://baike.baidu.com/link?url=AwnhabY9gJLzum7v-Xvi6_Mcnb-IHWUb4Nl1YtPp_5C_e8HNiYL9XGMSAZzn2UzNPBfNhRvUz8BYWD7NyNtrNq.

四、规模经济因素

"规模经济是指从事单一产品的生产或经销的企业因规模的扩大而降低了生产或销售成本而导致的经济。"[1]产业的规模经济有利于生产或销售成本的降低,这也是产业集聚的重要影响因素之一,体育产业的集聚也受到规模经济的影响。山东乐陵泰山体育产业集团,在起步初期以"炕头作坊"为主,在加大科研力度的同时扩大产业规模,"现已成为集研发、生产、销售、服务于一体的世界上最大的综合性体育器材基地之一。"[2]泰山体育产业集团的成功发展吸引了更多规模企业的进驻及配套企业的发展,使得乐陵国家体育产业基地的产业更为聚集。晋江运动鞋帽服装产业具有"鲜明的家族企业特征和产业集群空间集聚特征"[3]。在安踏体育用品有限公司成立后,企业规模不断扩大,集聚更多的人力、物质基础,吸引匹克、鸿星尔克集团、361°集团等企业建立和进驻,形成运动鞋帽服装产业的规模化生产,进而节约生产和销售的成本。深圳、富阳、荆门等国家体育产业基地产业也是通过扩大生产规模,吸引更多的规模企业的进驻而逐渐发展起来的。

可见规模经济是企业迅速发展与集聚的重要影响因素之一,也是企业做强做大、进一步发展的重要途径。

五、空间成本因素

对于空间成本的理解种类比较多,本研究中指的是"由于距离因素给

---

[1] 小艾尔费雷德·D. 钱德勒. 企业规模经济与范围经济[M]. 张逸人,等,译. 北京:中国社会科学出版社,1999.

[2] 360百科. 泰山体育产业集团[EB/OL]. [2022-08-20]. http://baike.so.com/doc/2962423-3125265.html.

[3] 郭恒涛,李艳翎. 体育用品产业集聚溢出效应的演变和发展[J]. 武汉体育学院学报,2015,(49)10:46-49,95.

经济活动主体生产经营活动带来的额外成本的增加。"①与常说的道路空间成本相近，即由于空间或区域间的交通运输条件的限制产生的成本。由定义可以看出，若要节省空间成本，企业应建在交通运输条件较好的区域，因为交通运输条件好的地区会导致企业的空间集聚。因此，空间成本对以制造业为主的体育产业基地的产业集聚影响较大。最具代表性的是深圳国家体育产业基地。深圳可谓交通四通八达，公路、铁路、航空、航运、及城市内公交、地铁、出租车等一应俱全。便利的交通条件促进了体育制造产业与相关配套企业的集聚，反过来进一步节省了空间成本。当然，福建、浙江、江苏、山东等地受空间成本影响也较大。

因此，空间成本因素对国家体育产业基地的产业集聚起到了重要的影响作用，使得一些体育企业选择空间成本较低的地区集聚。

六、心理预期因素

心理预期与国家规划、期望相关，也就是说政府的规划或定位对体育产业集聚有影响。如深圳国家体育产业基地将数字体育作为发展方向，并重点培育体育竞赛表演市场，致力于建成"以高科技体育产品研发、生产、服务为主导，以特色园区为支撑的开放型、综合性产业聚集区。"②江苏昆山"培育和引进了一批高端体育制造及研发类企业，形成了以捷安特、吉纳尔、耀马车业等代表性企业组成的较为完善的自行车制造产业集群，以多威、智驹、渤扬、莎美娜等为代表的运动鞋、运动服装、运动服面料制造企业组成的运动服装产业集群，以及皮划艇、电动滑翔机、运动地胶、健身器材等陆上、水上和航空运动多个体育用品制造产业集群"③。成都温江在2015年工作国家体育产业基地工作总结中论述到致力于"打造国际性现代马产业""打造西部第一水上运动产业""打造国内一流篮球

---

①何雄浪，李国平. 运输成本、交易成本与交易效率——新古典经济学分析框架的矫正[J]. 学术月刊，2007，39（4）：82-89.

②林向阳，周红妹. 国家级体育产业基地建设研究[J]. 武汉体育学院学报，2008，8：45-48.

③徐浩健. 体育产业集聚的发展路径与提升策略[J]. 南京体育学院学报：自然科学版，2014（6）：153-155.

产业",这也就促成一些相关企业的进驻和配套企业的集聚。

因此,心理预期对国家体育产业基地的产业集聚具有方向性或指导性的影响作用。

第二节 国家体育产业基地的产业集聚动力

体育产业的空间地理集聚是"国家体育产业基地"基本特征。从现有的"国家体育产业基地"的产业基础看,其集聚效应十分明显,然而其产业集聚的机制却不尽相同。虽然,影响区域体育产业集聚的要素系统十分复杂,但从"国家体育产业基地"体育产业集聚的动力机制看,政府干预与市场机制是体育产业集聚最重要的两股力量,并可相应地分为政府干预型与市场机制型两种类型。政府干预类型主要是指由投资主体对土地投资和开发,配套产业规划和政策措施所形成的产业集聚区。在区域中企业共享基础设施、政策优惠及劳动力等资源。市场机制型主要是指由体育企业的自然集聚发展所形成的体育产业集聚,其集聚过程以市场自发为主,少有政府干预,具体情况如表7所示。

表7 "国家体育产业基地"产业集聚基础动力

基地	产业集聚基础动力	观察内容
深圳	市场机制	良好的市场经济基础;2006年时,深圳已聚集了多达1500多家体育制造类和体育健身娱乐企业
温江	政府干预	政府划区高起点规划建设;四大功能板块;大型体育项目规划与建设;先期投资100多亿元人民币等
晋江	市场机制	始于20世纪80年代的制鞋与服装产业基础,汇聚体育企业3000多家;较完整的产业链等
北京	政府干预	体育组织集聚、管理部门集聚、大型赛事;政府部门投资120亿元人民币前期园区建设;每年5亿元人民币的体育产业发展引导资金等

（续表）

基地	产业集聚基础动力	观察内容
富阳	市场机制	起步于20世纪80年代，经过几十年的发展，目前国内80%的赛艇、皮划艇等生产企业集聚在富阳等
乐陵	市场机制	三十多年的体育器材生产历史；集聚企业100多家；龙头企业市场占有份额大等
苏南	市场机制与政府干预	昆山市在高新体育用品制造和研发上取得较大成果，江阴市体育用品制造领域主要有球类（羽毛球、乒乓球拍）、运动器械、人工运动场地制造、游泳池设备、制艇等的中小企业。溧阳市依托生态优势，实行以"体育+旅游"特色发展模式，推动体育旅游产业全面发展
平果	政府干预	依托生态环境资源，发展体育生态旅游、体育竞赛表演等
宁海	市场机制与政府干预	宁海独特的自然与人文资源，使得宁海户外运动成为了县域发展的一张王牌。宁海体育产业发展最初以体育用品制造业为主，是全国著名的"登山杖之乡"。直到2009年国家级登山健身步道落户于此，人们才逐渐认识到体育服务业的巨大潜力，之后宁海相继建成了国家级登山健身步道、中国户外运动基地、国家级综合性自行车运动基地等
登封	政府干预与市场机制	2013年6月登封市被河南省体育局命名为河南省体育产业基地。嵩山少林寺武僧团培训基地教育集团已经被授予国家文化产业示范基地。河南登封有着悠久的武术文化历史，自1991年已成功举办了10届"中国郑州少林国际武术节"，登封市也被称为"全国武术之乡"
荆门	市场机制	依托李宁产业园建设和发展，大力发展体育用品制造业，重点发展体育器材、服装等体育用品制造，并引进乒乓球、羽毛球、网球、足球、篮球、排球、手球、体操器械、举重杠铃等体育器材装备生产配套项目，形成一定规模的体育器材装备生产聚集地

(续表)

基地	产业集聚基础动力	观察内容
环青海湖	政府干预	打出"环湖赛"这张名片,又先后举办了各类国内、国际环湖、登山、徒步等户外体育赛事。2004年青海着力进行"环青海湖民族体育圈"建设
淳安	政府干预	政府依托千岛湖这个国家级生态示范区、国家5A级旅游景区,其区域位置优越、运动资源丰富、服务设施完善
皖南	政府干预	皖南各地从2008年开始,依靠黄山、九华山、天柱山、太平湖、升金湖等自然景点先后成功举行了"黄山国际登山节""黄山论剑""黄山国际健走节""黟县国际山地自行车大赛"等具有影响力的体育旅游品牌赛事

数据来源:调查对象口述资料及各"国家体育产业基地"年度总结材料。

一、以市场驱动为主形成的国家体育产业基地

市场驱动主导是指根据市场需求,一些体育企业自然聚集所形成的体育产业聚集。聚集过程以市场自发为主,少有国家政策、规划等干预。具有较好的体育产业基础的以体育制造业为主的国家体育产业基地一般都属于这种类型,主要包括深圳国家体育产业基地、福建晋江国家体育产业基地、山东乐陵国家体育产业基地、浙江富阳国家体育产业基地和湖北荆门国家体育产业基地。

二、以政府主导形成的国家体育产业基地

政府主导指政府有计划地招商引资,对投资主体的土地投资与开发,及配套产业进行规划或政策干预所形成的产业聚集,在基地中企业享有国

家给予的政策优惠。国家有意建设的国家体育产业基地主要有北京龙潭湖、成都温江、环青海湖（县域）国家体育产业基地等。北京龙潭湖国家体育产业基地在政府的推动下，使得各类体育组织、政府机构、知名企业、专业传媒等产业不断集聚。基地内包含国家体育总局及所属22个运动项目管理中心、体育报业集团等体育产业媒体和外联、科研等机构，是国家倾力打造的以高端体育服务产业为主的国家体育产业基地。成都与青海同属西部城市，为提升西部城市的知名度，结合西部大开发战略的实施，政府政策向西部倾斜，也为西部发展提供了一些便利。

三、资源主导形成的国家体育产业基地

资源主导型产业聚集与国家政策是分不开的，一定意义上也是政府干预而产生的集聚，一般都是依靠基地的自然生态资源、文化旅游资源等发展起来的体育产业基地，比较有代表性的是河南登封、皖南、浙江宁海等国家体育产业基地。河南登封依托少林武术文化，集武术培训、竞赛表演及武术器械制造等产业为一体，形成了具有少林武术文化特色的产业聚集区。皖南依靠黄山旅游资源，不断推进体育健康休闲娱乐园建设，积极组织与黄山相关的体育旅游、竞赛，开展丰富多彩的具有特色的山地自行车赛、攀登赛、户外运动体验等。宁海依托山地资源建成了国家级登山健身步道、中国户外运动基地、国家级综合性自行车运动基地等项目。

国家体育产业基地的产业集聚不可能只受单方面的影响，可以说国家体育产业基地的产业集聚既受国家政策的影响，也受体育市场影响，还受自身资源的影响，缺少哪一个方面的充分条件国家体育产业基地都很难形成。

第三节　国家体育产业基地的产业集聚模式

产业集聚从整体上说主要有三种类型："外源型产业集聚、内源型产业集聚和混合型产业集聚。"[1]外源型产业集聚模式主要是利用外来投资而

---

[1] 文婷.产业集聚发展路径选择比较［J］.商业时代，2014（13）：117-118.

形成的特有的产业集聚；内源型集聚模式根植于本土经济的发展，注重本土经济的培育；混合型产业集聚模式是"来源于外资、内资及其多重成分构成并具备制度支撑的综合集聚模式，表现为内资、外资多种资金流动，市场、政府以及第三方机构的多重合作，制造业、服务业，特别是高端服务业等多层级产业集聚，以研发中心、总部经济为重点的价值链各个发展环节的集聚。"[1]根据国家在产业集聚过程中的干预程度，一般又将产业集聚分为"市场主导型产业集聚模式、政府扶持型产业集聚模式和计划型产业集聚模式"[2]，也可以说产业集聚模式与产业集聚机制具有较强的相关性。

通过对国家体育产业基地产业集聚机制的探讨，可以将国家体育产业基地产业聚集模式大致分为市场主导型产业集聚模式、政府扶持型产业集聚模式、资源型产业集聚模式等。

一、市场主导型体育产业集聚模式

市场主导型体育产业集聚是一种自下而上的集聚模式，企业集聚的根本原因是对集聚带来的利益的追逐，主要体现在对成本的节约上。外部政策与政府的调控只是辅助或事后调节手段，产业集聚成长具有自发性和自由性。

国家体育产业基地中，山东乐陵、福建晋江等体育产业集聚的过程是一个市场化的过程，政府干预较少。在改革开放初期，政府对体育产业的集聚认识较少，甚至处于对其忽略的状态。泰山体育产业集团的建立使得一些体育器材制造、运动鞋服生产等企业不断地集聚，进而发展成为以泰山体育产业集团为龙头，在其基础上友谊体育器材、五环体育、鲁辰制衣等体育用品生产经营企业及配套企业逐渐集聚与发展，目前乐陵体育产业拥有1件中国驰名商标、4件"中国名牌"、1件"国家免检产品"，还有1个国家级博士后科研工作站、1个产业技术联盟、1个国家认定企业技术中心，并且拥有国家体育行业唯一的优秀体育用品工程技术研究中心，可以

---

[1] 文婷.产业集聚发展路径选择比较[J].商业时代，2014（13）：117-118.
[2] 陈继海.世界各国产业集聚模式比较研究[J].经济纵横，2003（6）：33.

说产业体系链较为完整，市场机制非常完善，并且企业有进一步集聚的趋势。福建晋江在80年代传统鞋服制造业已非常繁荣，受市场需求的影响又纷纷转型为运动鞋服制造。经过近40年的发展，该区已集聚了3000多家体育用品生产企业，以及1500多家专门为成品鞋配套生产的鞋底、鞋面、皮革、化工、扣锁五金制品等厂家，形成了涵盖生产、销售及提供设计、策划、咨询服务等较为完整的体育用品产业链[①]。

二、政府扶持型体育产业集聚模式

与市场主导型相反，政府扶持型产业集聚是自上而下的产业集聚模式。一般具有较强的针对性和目标性，受政府干预较多，甚至是国家战略发展、优先发展的产业，在集聚过程与市场机制、历史传统等相互协调配合。

国家体育产业基地中成都温江国家体育产业基地最为典型。作为我国西部的一个城市，成都的体育产业基础较为薄弱，仅靠市场调节很难产生体育企业的集聚。2007年国家体育总局批复同意在成都温江建立国家体育产业基地。在国家政策的支持下，成都温江政府积极筹备，在初期致力于打造"三个中心"，即体育用品研发制造中心，体育休闲体验运动中心和体育用品展销中心。在体育用品制造研发方面，以成都国家海峡两岸科技产业开发园开发为载体，"首期规划了1500亩，专门安置体育产业研发制造项目，主要引进体育器材、体育服装、体育用品、体育食品饮料等制造企业。截至2008年9月，基地已引进广州波尔、温州祥和鸟、青岛英派斯集团、深圳好家庭实业、泰山体育产业集团等23家知名体育企业"[②]集聚在此。在体育会议展销中心方面，大力发展体育会展、体育用品展销，规划建设"金马湖"项目内配套的办公、会议、产品展示、商务酒店等设施。体育休闲体验运动中心方面，在温江区金马河生态景观区规划了专门区域，拟建设大众性的健身和体育休闲区、体育企业产品的体验区，以及国内外知名体育企业、体育精品市场、体育从业机构商务往来的聚集地。在

---

① 国家体育产业基地工作总结汇编材料［Z］.2015.
② 成都国家体育产业基地汇报材料［R］.成都市体育局，2008.

政府的扶持下成都温江国家体育产业基地体育产业不断集聚，并逐渐发展成为较为综合性的国家体育产业基地。

北京龙潭湖体育产业基地集聚了体育行政总部中心（国家体育总局、中华全国体育总会、中国奥委会等）、运动项目管理中心和体育人才中心（集聚30多个运动项目管理中心及体育协会）、体育传媒和科研中心（中国体育报业总社和国家体育总局体育科学研究所等）、体育训练中心（北京体育馆、国际网球中心、中国棋院、国家体育总局训练局等场馆资源和体育设施）、体育产品销售中心（李宁、动向体育等近800家经营体育产业的机构和企业）等，这些机构的集聚无疑为体育产业基地的形成奠定了良好的基础；加之政府的支持和市场经济的影响，促进了此类体育机构的进一步集聚。

三、资源型体育产业集聚模式

资源型产业集聚是在政府干预及市场经济体制的双重影响下，结合当地资源进行产业集聚的一种模式。这种模式在我国体育产业的集聚发展中占较大比例。

河南登封依托丰富的少林武术文化资源，大力发展武术培训市场，武术培训已在登封市遍地开花，"地方政府整合武术馆校资源，组建了塔沟、鹅坡、小龙三大武术产业集团，在全球100多个国家和地区设立武术分支机构，成为国际上最大的功夫教育、功夫表演、功夫观光基地。"[1]这也促进了武术产业的进一步集聚与发展。青海利用其独具特色的民族民间文化资源和旅游资源，以"环青海湖国际公路自行车赛""中国·青海国际抢渡黄河极限挑战赛""青海高原世界杯攀岩赛"这三大体育赛事品牌为主，大力推介一些具有浓郁民族特色的体育文化活动，展示丰富多彩的民族传统体育节日和比赛活动，进一步促进了环青海湖体育赛事的集聚与发展。黄山依托其旅游资源大力发展体育旅游、体育休闲娱乐、登山赛事等，促进了体育产业的集聚与发展。

国家体育产业基地制度本身是一种政府行为，因此国家体育产业基地

---

[1]魏火艳.河南省体育产业集聚发展路径研究［J］.中州体育：少林与太极，2012，11：29-32.

产业集聚一般受政府的影响，这也是我国体育产业集聚的一大特色。随着市场经济的发展与完善，政府在体育产业发展中进行的干预也必然会减少。

本章小结

对国家体育产业基地产业集聚机理的分析是理解国家体育产业基地形成的重要因素，也为国家体育产业基地进一步发展提供一些思路。但目前对国家体育产业基地产业集聚机理的研究还比较少，对于国家体育产业基地的产业集聚的决定性因素的分析还不是十分的准确，只是从宏观上进行定性分析。在随后的研究中，还应挖掘各国家体育产业基地产业集聚的主要机理，有针对性地提出一些发展的意见和建议，为国家体育产业基地的产业集聚与发展提供新的思路和方法。

第五章 国家体育产业基地产业集聚水平测度

国家体育产业基地产业集聚水平测度还没有较为完善和具体的实施体系，加之对基地产业集聚统计的滞后，导致对国家体育产业基地产业集聚水平的定量研究较少。本章以晋江国家体育产业基地为例，利用空间基尼系数、行业集中度、区位商、赫芬达尔-赫希曼指数、空间集聚指数等定量分析法，对晋江国家体育产业基地产业集聚水平进行测度，以期为其他体育产业基地乃至国家构建基地产业集聚水平测度体系提供一定借鉴与参考。

第一节 体育产业集聚分析方法的选择

目前，学术界通常通过定性分析与定量分析两类方法对产业集聚程度进行测定。定性分析方法主要有专家意见法和实地调研法等，通过与专家及企业的互动，收集产业集聚测度所需数据，通过数据分析对产业集聚程度进行界定。

定性分析方法操作简单，针对性强，但主观性也较强，缺乏统一的横向衡量标准。随着学术界对产业集聚研究的深入，定性分析方法已不能满足分析需要，分析方法逐渐由定性分析方法转为倾向于定量分析方法。本研究选择的定量分析方法主要有空间基尼系数、行业集中度、区位商、赫芬达尔-赫希曼指数、空间集聚指数等。

一、空间基尼系数

西方经济研究中，研究居民收入分配时洛伦兹（Lorenz）创立了揭示社会分配平均程度的洛伦兹曲线。基尼（Gini）以洛伦兹曲线为依据，提出"基尼系数"这一计算收入分配公平程度的统计指标。1996年，基博尔（Keeble）等人开始将这两种方法用于行业在地区间分布均衡程度的测量。洛伦兹曲线与基尼系数是实际意义相对应的两个指标，取值范围为0到1，取值越接近1，则说明行业在地区间集聚程度越高。克鲁格曼（Krugman）[①]于1991年运用洛伦兹曲线和基尼系数测定行业在区域间分配均衡程度时，提出了空间基尼系数（G指数）。

空间基尼系数是衡量产业空间分布均衡性的指标，其计算公式如下：

$$G=\sum_i (s_i-x_i)^2, \quad 0 \leq G \leq 1 \qquad (1)$$

式中，G为产业空间基尼系数，s_i为i区域某产业总产值（或就业人数）占全国该产业总产值（或就业人数）的比重，x_i为i区域所有产业总产值（或就业人数）占全国所有产业总产值（或就业人数）的比重，对所有地区进行求和即为该产业的空间基尼系数。

空间基尼系数越接近于1，说明该产业可能集中在某一个或几个区域，而在其他地区分布较少；或者说明该产业的集聚程度较高，在空间上比较集中。

二、行业集中度

行业集中度又称"行业集中率"，指该产业中前n家产值（或产量、销售额、销售量、职工人数、资产总额等）最大的企业所占市场份额的总和[②]。在各种产业集聚测度方法中，该方法是最简单、常用的指标之一，是衡量某一区域市场竞争程度的重要指标。

该指标计算公式如下：

$$CR_n = \frac{\sum_{1}^{n} x_i}{\sum_{1}^{N} x_i}, \quad n<N \qquad (2)$$

[①] Krugman P. Increasing returns and economic geography [J]. Journal of Political Economy, 1991, 99（3）：483-499.

[②] 白文扬. 我国工业产业集中度实证研究 [J]. 中国工业经济, 1994（11）：45-50.

式中，CR_n为规模最大的前n家企业的行业集中度，x_i表示第i家企业的产值（或产量、销售额、销售量、职工人数、资产总额等），n表示产业内规模最大的前几家企业数，N表示产业内的企业总数。

行业集中度通常以产业中规模排名前4位（四企业集中度）、前5位（五企业集中度）或前8位（八企业集中度）来衡量。CR_n越大，说明该产业集中度越高，市场竞争越趋向于垄断；相反，CR_n越小，说明该产业越趋向于竞争。

三、区位商

区位商[①]又称专门化率，由哈格特（Haggett）首先提出并运用到区位分析中，区位商的计算主要用于衡量某区域具有优势的产业，并根据区位商值的大小判断该区域某产业的专门化率。

区位商的计算公式如下：

$$LQ_{ij}=\frac{\dfrac{x_{ij}}{\sum\limits_{i}x_{ij}}}{\dfrac{\sum\limits_{j}x_{ij}}{\sum\limits_{i}\sum\limits_{j}x_{ij}}} \quad （3）$$

式中，x_{ij}为j地区i产业的产值（或就业人数），分子表示j地区i产业的产值（或就业人数）占该地区工业总产值（或就业人数）的比重，分母表示全国i产业总产值（或就业人数）占全国工业总产值（或就业人数）的比重。

通过对某区域区位商的计算，可以发现某区域在全国或者全省范围内具有一定地位的优势产业。一般来讲，如果产业的区位商大于1.5，则该产业在某一范围内就具有比较明显的产业优势。

[①] 王良健，弓文，侯志虎. 我国省际体育产业集聚水平测度及动态演进研究[J]. 北京体育大学学报，2012，35（10）：29-34.

四、赫芬达尔—赫希曼指数

赫芬达尔—赫希曼指数又称H指数,最初由赫希曼(Hirschman)[1]提出,后由赫芬达尔(Herfinadalh)进行进一步发展,是重要的用于衡量产业集聚程度的方法。其计算公式为:

$$H=\sum_{1}^{N} s_i^2 = \sum_{1}^{N} (x_i/x)^2 \quad (i=1, 2, 3, \cdots, N) \qquad (4)$$

式中,x_i代表i企业的市场规模,x代表产业市场的总规模,N为产业内的企业总数,$s_i=x_i/x$,表示第i个企业所占的市场份额(产值或就业人数等)。

该指数取值在0~1范围内,该指数值越小,则该产业市场集聚程度越低;该指数值越大,则该产业市场集聚程度越高。该指数在产业集聚测度应用中有三个优点:首先,考虑了企业总数和企业规模两方面因素,测度结果能精确反映产业市场集中程度;其次,采用了市场相对规模的平方和对产业集聚状态进行测度,该测度对市场份额较大企业的份额变化特别敏感,能够及时反映市场竞争与垄断情况的变化;最后,对产业内企业的分解与合并反应灵敏,计算简单。但是该方法直观性较差,且测度过程中需要对数据进行全面统计,使得该测度方法的使用具有一定的局限性。

五、空间集聚指数

空间集聚指数简称为EG指数。艾里森(Ellison)和格莱泽(Glaeser)[2]在研究过程中发现,由于产业中企业规模和区域大小的差异,使用空间基尼系数对产业集聚进行测度可能会产生较大的误差,基尼系数大于0时并不能够表明产业集聚现象一定存在。基于此,二人在1997年结合空间基尼系

---

[1] Hirschman A O. The strategy of development [M]. Yale University Press, New Haven, 1958.
[2] Ellison G, Glaeser E L. Geographic concentration in U S manufacturing industries: A dartboard approach [J]. Journal of Political Economy, 1997, 105(5): 889-927.

数和H指数，提出空间集聚指数这一测度方法，弥补了空间基尼系数测度的不足。

EG指数计算公式如下：

$$EG=\frac{G-\left(1-\sum_{i=1}^{M}p_i^2\right)H}{\left(1-\sum_{i=1}^{M}p_i^2\right)(1-H)}=\frac{\sum_{i=1}^{M}(q_i-p_i)^2-\left(1-\sum_{i=1}^{M}p_i^2\right)\sum_{j=1}^{N}s_j^2}{\left(1-\sum_{i=1}^{M}p_i^2\right)\left(1-\sum_{j=1}^{N}s_j^2\right)} \quad (5)$$

式中，EG为所求空间集聚指数，G为空间基尼系数，p_i表示i区域内某产业产值（或就业人数）占该产业总产值（或就业人数）的比重，M为划分地理区域数，H为赫芬达尔-赫希曼指数，q_i表示i区域总产值（或就业人数）占全国总产值（或就业人数）的比重，s_j表示第j个企业的市场份额，N为某产业内企业个数。

该指标弥补了空间基尼系数的不足，同时，该指标在比较分析中不受产业规模、区域大小等因素的影响。在实际应用中，该指标值越大说明产业集聚程度越高，反之则说明产业集聚程度越低。

第二节　晋江国家体育产业基地产业集聚测度分析

一、数据来源

2008年国家试行体育产业分类标准，2015年体育产业正式被列为独立的产业。因此，从国家级到省级，再到市级，目前并没有单独分离出来的体育产业相关精确数据。考虑到数据的可靠性和可行性，文章采用数据抽取与数据折算相结合的方法，通过福建省与晋江市相关统计年鉴，查询福建省、晋江市GDP和产值、福建省和晋江市体育产业总营收、就业人口及各行业经济增长率等数据，通过网上资料查询、企业年报分析等方法查询晋江市场份额最大的前5家体育企业营收数据，对上述数据进行处理，处理结果作为研究测度的源数据。（研究数据折算方法以2015年晋江体育产业专项统计结果为参考，根据晋江体育产业各项经济数据按照相应比例进行

测算得出，折算比例按照专业方法确定）

因2015年正式实行国家体育产业分类标准，考虑到数据的可获得性，集聚度测算过程中，晋江体育企业相对于晋江的行业集中度采用2011—2015年数据进行测算，晋江体育产业相对于福建省的行业集中度及晋江市体育产业区位商均采用2006—2014年数据进行测算。

二、行业集中度

由于数据可得性的限制，根据公式（2），利用福建和晋江2011—2015年体育产业营收等数据，并取n值分别为1，2，5来计算晋江市体育产业相对于福建省的行业集中度，计算结果如表8所示。［晋江体育产业市场份额最大的前五家企业分别为安踏（中国）有限公司、361°体育用品有限公司、贵人鸟股份有限公司、浩沙国际有限公司、浔兴拉链科技股份有限公司。］

表8 晋江体育产业2011—2015年行业集中度测度

年份	2011	2012	2013	2014	2015
$n=1$	0.107	0.078	0.071	0.0834	0.087
$n=2$	0.172	0.129	0.106	0.111	0.122
$n=5$	0.211	0.176	0.150	0.150	0.155

根据表8可以发现，n值分别取1，2，5时，晋江市体育产业行业集中度结果呈随年份不断变动的趋势，一个企业行业集中度基本稳定在0.07以上，两个企业行业集中度基本稳定在0.11左右，五个企业行业集中度稳定在0.15以上。通常情况下认为若$CR_4<40\%$，则该区域产业表现为竞争型。因此，从行业集中度测度结果来看，晋江市体育产业发展表现为竞争型，不存在垄断现象。

针对晋江市体育产业发展表现为竞争型这一现状，结合晋江市体育产业实际情况进行分析，通过查询《晋江国家体育产业基地体育产业专项统计报告》，对晋江体育产业中各规模企业数和企业产值进行统计，统计结果如图6所示。

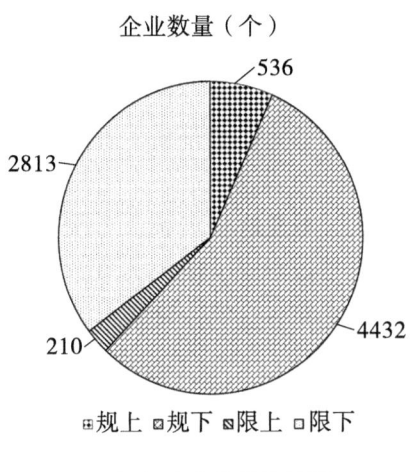

（a）企业数量统计图

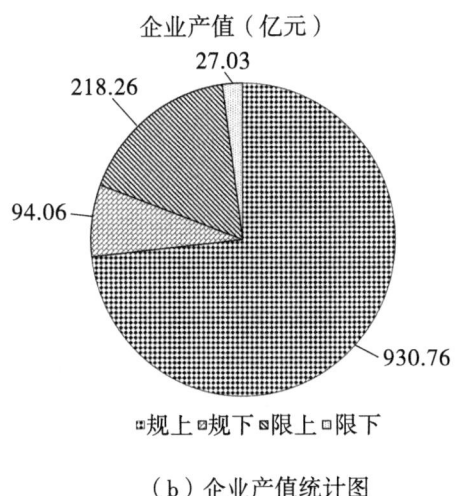

（b）企业产值统计图

图6 晋江体育产业2015年各规模企业统计图

注：规上企业指体育产业中工业范畴下产值2000万元以上的企业，规下企业指体育产业中工业范畴下产值2000万元以下的企业，限上企业指体育产业中限额以上的贸易企业（批发业：销售额≥2000万元；零售业：销售额≥500万元），限下企业指体育产业中限额以下的贸易企业。

通过统计得出，晋江体育产业中各规模企业数从限上、规上、限下到规下依次增多，产值则以规上和限上企业贡献为主，即规上与限上企业以9%的企业数量比重贡献了晋江90%的体育产业产值。究其原因，晋江市体育产业发展主要依靠规上与限上企业带动，规上企业产值相对均衡，除了安踏等业绩突出的企业，其他企业产值在规模内基本均衡，处于竞争状态，导致通过晋江体育产业市场份额排名前几家的企业测算出的行业集中度，其结果并不明显。

针对上述分析中结果不明显这一现状，再次测算晋江体育产业相对于整个福建省体育产业的行业集中度。由于测算范围不同，数据可获得的年份更多，此次测算采用福建省与晋江市2006—2014年的体育产业相关数据进行计算，测算结果如表9所示。

表9 晋江市体育产业2006—2014年行业集中度测度（$CR_n=1$）

年份	2006	2007	2008	2009	2010	2011	2012	2013	2014
集中度	0.472	0.564	0.540	0.470	0.420	0.428	0.436	0.416	0.389

表中测算结果为晋江市体育产业数据与福建省体育产业数据的比值，即取福建省体育产业市场份额最大的晋江市体育产业数据与整个福建省体育产业数据的比值。根据行业集中度的测算规则，$CR_4>30\%$（$n=4$）即证明该地区存在产业垄断现象，说明前4家企业对该地区该产业产生垄断。表9为$n=1$的测算结果，即$n=1$时，2006—2014年行业集中度测算结果CR1>30%。表中数据说明，对整个福建省来说，晋江市体育产业在全省体育产业经济发展中占据垄断地位，认为晋江市体育产业存在高度集聚现象。

为更直观地展现晋江市体育产业的行业集中度随时间的变化趋势，文章将上述计算结果以折线图的形式绘出，如图7所示。

第五章 国家体育产业基地产业集聚水平测度

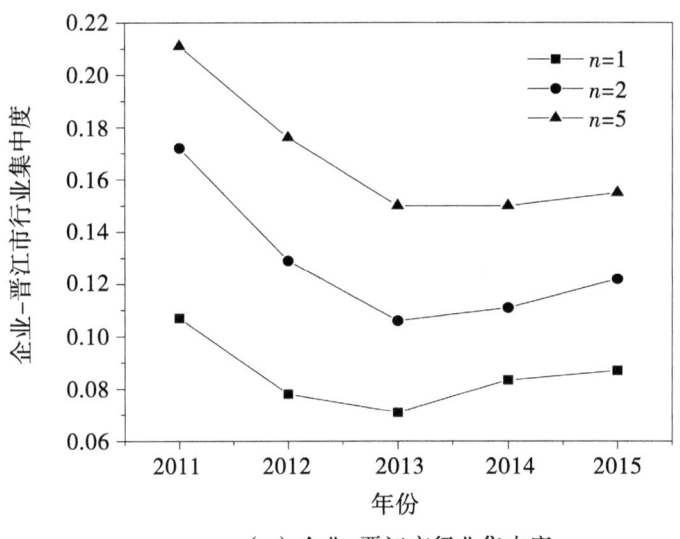

（a）企业-晋江市行业集中度

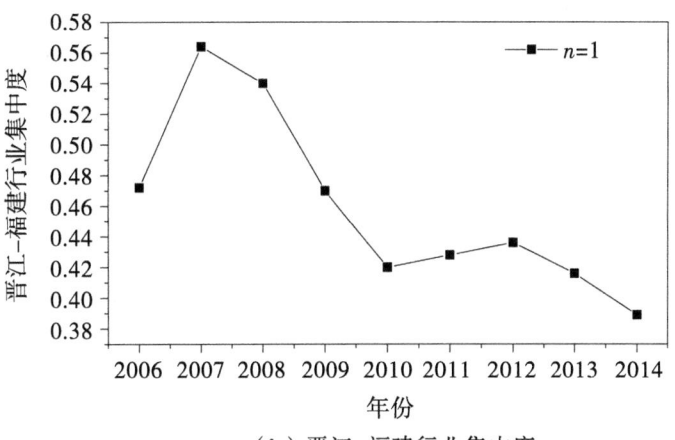

（b）晋江-福建行业集中度

图7 晋江市体育产业行业集中度测度折线图

通过图7可以发现，晋江市体育产业集聚指数与福建省体育产业集聚指数均呈现逐年下降并趋于稳定的发展趋势。针对此发展趋势，对福建省与晋江市2006—2014年GDP与体育产业增加值进行统计，绘制福建省与晋江市GDP与体育产业增加值走势折线图（图8）。通过分析福建省和晋江市

GDP与体育产业增加值走势，来对晋江市体育产业集聚指数变化趋势作出分析。

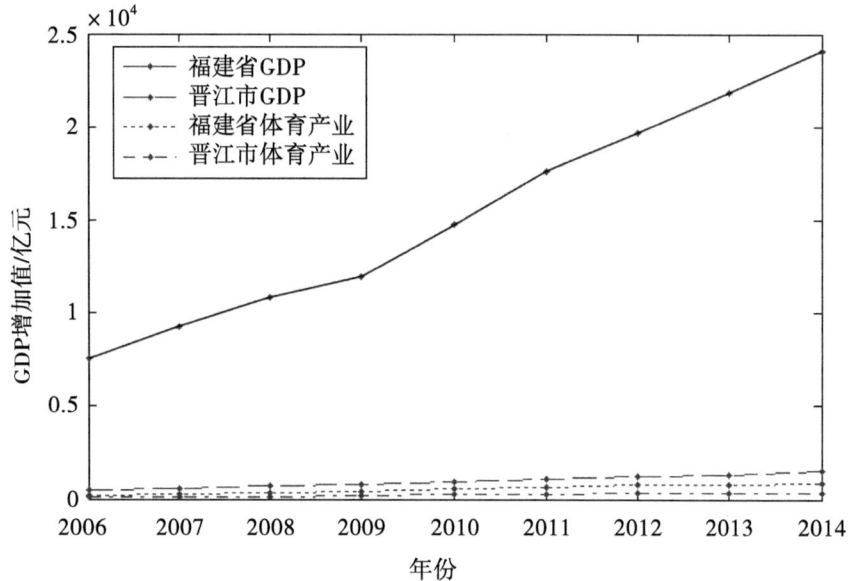

图8 福建、晋江GDP及体育产业增加值走势折线图

观察图8可发现，福建省与晋江市GDP和体育产业增加值呈同向上升趋势，即2006—2014年晋江市体育产业经济快速发展的同时，福建省与晋江市各产业经济均快速发展。福建省与晋江市GDP增幅逐渐大于晋江市体育产业增加值增幅，行业集中度测算基数逐年增大，导致晋江市体育产业集聚指数呈逐年下降趋势。

三、区位商

根据公式（3），利用福建省和晋江市2006—2014年GDP和体育产业增加值等数据，计算晋江市相对于福建省的体育产业区位商，计算结果如表10所示。

表10　晋江体育产业2006—2014年区位商测度

年份	2006	2007	2008	2009	2010	2011	2012	2013	2014
区位商	5.760	7.013	6.891	6.017	5.353	5.174	5.694	5.380	5.203

从表10中可以看出，2006—2014年晋江市体育产业区位商均稳定在5.1以上。通常情况下，某地区产业区位商大于1则认为该地区存在产业集聚现象，因此认为晋江存在体育产业高度集聚的现象。

基于行业视角分析晋江市体育产业集聚情况，可以用于评价体育产业在晋江市所有行业中的地位。文章按照统计年鉴上的分行业数据进行测算。由于数据的可获得性，本研究选用了2011年福建省19个行业的区位商与体育产业进行对比。相应地，选择福建省相对于全国的体育产业区位商（表11）用于对比分析，2011年福建省各行业区位商测度结果如表12所示。

表11　福建体育产业2006—2014年区位商测度

年份	2006	2007	2008	2009	2010	2011	2012	2013	2014
区位商	5.23	5.60	5.67	4.71	6.57	6.46	6.41	6.00	5.72

表12　2011年福建省各行业区位商测度结果

行业名称	区位商
体育产业	6.460
金融业	0.931
文化、体育和娱乐业	1.365
房地产业	0.917
制造业	1.237
农、林、牧、渔业	0.915
建筑业	1.176
电力、燃气及水的生产和供应业	0.908
居民服务和其他服务业	1.164

(续表)

行业名称	区位商
住宿和餐饮	0.882
物流业	1.158
水利、环境和公共设施管理业	0.755
信息传输、计算机服务和软件业	1.030
公共管理和社会组织	0.617
租赁和商务服务业	0.982
教育	0.549
批发和零售业	0.937
科学研究、技术服务和地质勘查业	0.471
卫生、社会保障和社会福利业	0.937
采矿业	0.400

通过上表数据，从行业角度对福建省体育产业集聚情况进行分析，发现体育产业集聚程度在福建省所有行业中排第一位。这充分说明体育产业在福建省经济发展中具有一定的竞争力，已然成为福建省的主导产业。

由上述分析结果递推，福建省体育产业发展存在集聚现象，体育产业发展占据主导地位。福建省相对于全国的体育产业区位商稳定在4.7以上，晋江市相对于福建省的体育产业区位商均稳定在5.1以上，则晋江市体育产业发展也存在集聚现象，且集聚程度较福建省体育产业更高，因而体育产业的发展在晋江市经济发展中占据主导地位。

综上所述，晋江市体育产业区位商与行业集中度呈现同向变化趋势。

本章小结

在现有国家体育产业基地中，晋江国家体育产业基地产业集聚程度与发展基础较为突出与典型。通过行业集中度测算晋江体育产业的集聚程度，测算结果为：$n=1, 2, 5$时，晋江体育企业相对于晋江市的行业集中度

CR_1、CR_2、CR_5均小于40%，[$CR_4>30\%$（$n=4$）即证明该地区存在产业垄断现象]，表明晋江市体育产业内部不存在垄断性企业，呈现出竞争型发展态势。测算晋江市相对于福建省的体育产业行业集中度（2006—2014年）CR_1均大于30%，表明晋江体育产业在福建省占据垄断地位，产业高度集聚。

第六章　晋江国家体育产业基地集聚发展分析

晋江是福建省沿海地区的县级城市，位列全国百强县第5位，是我国著名的、最为成熟的体育产业集聚区。以体育鞋服制造为主的体育用品业已经成为晋江经济发展的支柱产业。基于晋江地区雄厚和富有特色的体育产业基础，晋江于2007年被国家体育总局授予了国家体育产业基地称号，是当时国内唯一一家以县域单位命名的国家体育产业基地。通过对晋江国家体育产业基地进行分析，可为国家体育产业基地的发展提供宝贵的经验。

第一节　晋江体育产业发展状况

一、晋江体育产业发展的基本状况

2015年，晋江GDP为1620.47亿元，体育产业增加值425.14亿元，对晋江GDP的贡献率达26.24%，是晋江地区的第一支柱产业，产业规模居全国县域第一。根据2015年国家体育总局发布的《国家体育产业统计分类》标准进行统计，从业人员超35万人，约占晋江全社会从业人员的四分之一。数据显示，晋江拥有42个国家级体育用品品牌、21家体育用品上市公司，2家企业成为中国奥委会赞助商，1家企业成为服务全国的外向型体育健身娱乐企业，1家企业成为里约奥运会官方赞助商。同时，晋江市人民政府也高度重视国家体育产业基地建设。2015年，晋江设立市体育产业发展专项资金1000万元，并根据需要逐年递增[①]。专项资金以项目资助、贴息贷款

[①] 晋江市人民政府. 2015年全市文化体育新闻出版工作总结和2016年工作思路［EB/OL］.（2016-03-08）［2021-08-20］. http://www.jinjiang.gov.cn/xxgk/zfxxgkzl/bmzfxxgk/whhlvj/zfxxgkml/201603/t20160308_1502367.htm.

和以奖代补等方式为主,重点扶持体育产业基地建设、体育竞赛、技术创新、品牌培育、人才培养及体育企业面向大众的健身服务等。

二、发展特点

（1）重点企业带动

晋江拥有21家体育用品上市公司,是拥有体育类上市企业最多的国家体育产业基地,产值达264.4亿元。

2015年,晋江市体育及相关产业的规上企业共536家,总营收为930.76亿元,总产值为982.87亿元,占体育制造业总产值的90.82%。规上运动鞋帽制造企业的产值为663.58亿元,对体育产业规上产值的贡献最大,占比为67.52%,同时占晋江规上制鞋业产值的68.84%。规上运动服装制造企业的产值为304.47亿元,占比为30.98%,同时占晋江规上纺织服装业产值的35.37%。

2015年,晋江市体育及相关产业的限上商业企业共210家,总营收为218.26亿元,占体育服务业总产值的87.37%。限上商业以鞋服批发企业为主,总营收为189.83亿元,占全部限上商业企业产值的86.98%。体育及相关产业的规下和限下企业7245家,产值126.36亿元,占体育产业总产值的9.4%。体育和相关产业的规上和限上企业以对晋江市极高的GDP贡献率带动整个晋江市体育产业的发展。

（2）产业集群发展

产业集群发展是晋江体育产业发展的重要优势。晋江雄厚的制造工业基础为发展体育产业提供了重要的技术与知识保障。目前,晋江市有具备显著产业集聚特征的产业集聚区26个,聚集了超6000家企业,形成了以民营经济为主体的纺织服装、鞋业制造、建筑陶瓷、食品饮料、伞具玩具等一批比较典型的产业集群；同时还拥有机械设备、精细化工、家居用品、纸制品、制药以及电子通讯器材等一批具有集群趋势的产业,并呈现出从以轻型加工为主向轻重并举、重化制造方向发展的态势。其中,纺织服装产业集群和鞋业制造产业集群是与体育产业直接相关的产业集群,也是晋江重要的特色支柱产业集群[①]，以陈埭镇的鞋类制造产业集群最具特色。这里汇聚了3000家左右的制鞋及产业上下游企业，涵盖制鞋过程的全部工艺，制鞋技术不断更新，产品质量优良，远销全球各地，以一个较完备的产业集群带动并支撑着本地区的经济发展。这一切都为晋江市发展体育产业提供了重要的制造与生产技术基础和体育市场的拓展空间。

（3）群众体育发展迅猛

群众体育发展迅猛，是晋江体育产业发展的重要依托。晋江市曾先后获得全国体育先进市、群众体育先进集体、武术之乡、游泳之乡等大批荣誉称号。全市有各类体育场地2600多个，每一万人平均体育场地12.69个；注册成立体育社团76个；每年举办篮球、排球、足球、游泳等群众性体育赛事2000多场。2015年晋江市级全民健身赛事如表13所示，市级学校体育赛事如表14所示。村与村、企业与企业之间的篮球联赛尤其火爆，并邀请NBA、CBA和CUBA球星到场比赛或助阵，比赛情况在虎扑体育等平台现场直播，具有一定的人气和影响力。晋江的群众体育工作已经达到"周周有安排、月月有活动、阶段有高潮、村村有赛事、天天有比赛"的水平。

表13　2015年晋江市级全民健身赛事一览表

序号	比赛名称	比赛地点	主办单位	承办单位
1	2015年晋江市全民健身运动会首届跳绳大赛	晋江SM国际广场	晋江市全民健身领导小组	晋江经济报社
2	2015年晋江市全民健身运动会环晋阳湖千人徒步大会	上海世茂国际广场、城市之眼广场	中国新闻文化促进会、晋江市全民健身领导小组	晋江经济报社、福建心之奥体育发展有限公司
3	2015年晋江市全民健身运动会"中威中心城杯"晋江市第二届企业足球联赛	晋江晋兴职业中专学校足球场	福建日报报业集团、晋江市文化体育新闻出版局	晋江经济报社

[①] 苏春花，陈章旺.晋江市体育制造产业升级路径研究——基于集群价值链延伸视角[J].经济研究导刊，2012（7）：179-181.

(续表)

序号	比赛名称	比赛地点	主办单位	承办单位
4	2015年晋江市全民健身运动会跆拳道比赛暨晋江市少年儿童跆拳道选拔赛	晋江市心养小学	晋江市全民健身领导小组	晋江市文体新局、晋江市体育总会
5	2015年晋江市全民健身运动会乒乓球比赛暨晋江市少年儿童乒乓球选拔赛	晋江市大剧院乒乓球馆	晋江市全民健身领导小组	晋江市文体新局、晋江市体育总会
6	2015年福建省全民健身运动会晋江市第五届广场健身舞比赛	晋江市体育中心祖昌体育馆	晋江市全民健身领导小组	晋江市农民体育协会、晋江市广场健身舞协会
7	2015年晋江市全民健身运动会"华逸杯"网球比赛	晋江市兰峰网球场、华泰网球场、罗山网球场	晋江市全民健身领导小组、晋江市体育总会	中桥文化传媒（福建）股份有限公司、晋江市华逸网球俱乐部
8	2015年晋江市全民健身运动会定点投篮比赛	晋江市体育中心	晋江市全民健身领导小组	中桥文化传媒（福建）股份有限公司
9	2015年晋江市全民健身运动会长跑比赛暨第三届晋阳湖酷跑	晋阳湖	晋江市全民健身领导小组	中桥文化传媒（福建）股份有限公司

表14　2015年晋江市级学校体育赛事一览表

序号	比赛名称	比赛地点	主办单位	承办单位
1	校园三人篮球对抗赛	晋江SM国际广场体育中心	晋江市文体新局 晋江市教育局	晋江SM国际广场
2	中小学生幼儿围棋赛	求聪中心小学	晋江市文体新局 晋江市教育局	陈埭镇教委办 求聪中心小学

（续表）

序号	比赛名称	比赛地点	主办单位	承办单位
3	小学生排球赛	嘉排中心小学	晋江市文体新局 晋江市教育局	英林镇人民政府 厦门吉家投资有限公司晋江分公司
4	小学生篮球赛	晋江市实验小学	晋江市文体新局 晋江市教育局	晋江市实验小学
5	中学生足球赛	永和中学	晋江市文体新局 晋江市教育局	永和县人民政府 永和中学
6	小学生足球赛	永和中学	晋江市文体新局 晋江市教育局	永和县人民政府 永和中学
7	初级中学篮球赛	福建省泉州华侨职业中专学校	晋江市文体新局	福建省泉州华侨职业中专学校
8	中学生篮球赛	福建省泉州华侨职业中专学校	晋江市文体新局 晋江市教育局	福建省泉州华侨职业中专学校
9	中小学生田径运动会	晋江市季延中学	晋江市文体新局 晋江市教育局	罗山街道教育办、晋江市季延初级中学、上海市罗山中学、中国电信股份有限公司晋江分公司
10	中小学生象棋赛	晋江市第五实验小学	晋江市文体新局 晋江市教育局	晋江市象棋协会 晋江市第五实验小学
11	小学生乒乓球赛	希信中心小学	晋江市文体新局 晋江市教育局	梅岭街道教育办 希信中心小学
12	中小学、幼儿电子制作锦标赛	晋江市实验小学 第八实验幼儿园	晋江市文体新局 晋江市教育局	晋江市实验小学 晋江市第八实验幼儿园

近几年来，为了让群众就近参与体育健身，晋江打造了世纪大道"10分钟体育生活圈"；建设了八仙山全民健身中心，该项目占地面积48280平方米，总建筑面积39228.01平方米，总投资23137万元；建设了综合训练馆、游泳馆及室外游泳池、室外篮球场、室外网球场、足球场、健身路径、健身步道及地下停车场等设施；建成了全程28千米的"一山一水"慢行系统，配建了3.5米宽的自行车道，依托山脉打造了休闲步道，依托水系打造了亲水慢道。目前，晋江正引导和支持自然资源丰富的紫帽山、围头湾等地创建省级体育旅游休闲基地，并着力打造富有特色的传统体育节庆与旅游休闲结合的活动品牌。

三、存在的问题

（1）体育产业强弱并存

晋江体育产业"一强一弱"的基本格局没有得到明显改善。2010年以来，随着国内外经济环境日趋复杂，经济下行压力不断加大，体育制造业进入深度调整期，受生产成本、供求关系、增长方式等内外部因素的影响，产业增长速度和效益逐步放缓，但仍然保持平稳的发展。

竞赛表演业影响力有限。体育赛事平台较少，赛事级别不高，吸引高端赛事的难度大，自主的、稳定的知名品牌赛事尚未形成。赛事外来人流导入不足，配套性基础设施建设不完善。体育市场中介机构数量少、规模小、发展不规范。经营高水平赛事的专业机构、专业人才、专业意识和专业手段不足，专业化体育场馆运营管理实体匮乏，依托现代信息技术的体育场馆管理服务水平不高。

健身休闲业未形成规模。受政策体系、人口结构、体育消费意识等影响，健身休闲业总体规模较小，经营单位整体实力不强，尚未形成品牌连锁经营，相关服务体系和政策体系不完善；体育设施人均数量仍然偏低；"重建设、轻管理"，日常管理和维护制度不健全，运营模式单一，服务质量偏低；学校和社会单位体育设施对外开放的责任主体不明确，缺乏设施开放的积极性。

根据晋江体育产业分类统计表（表15），从企业数量、从业人员和营业收入等方面衡量，体育制造业与体育服务业之间均存在着巨大差距。

表15 晋江体育产业分类统计表

产业类别	企业数量（家）	从业人员（人）	营业收入（亿元）
体育管理活动	88	777	0.46
体育竞赛表演活动	11		0.55
体育健身休闲活动	55		0.55
体育场馆服务	6		0.06
体育中介服务	154	2678	0.77
体育培训与教育	4		0.8
体育传媒与信息服务	315		1.575
其他体育相关服务	246		6.52
体育用品及相关产品制造	4964	335150	1082.18
体育用品及相关产品销售、贸易代理与出租	2232	12206	239.25
体育场地设施建设	3	60	0.8
合计	8078	350871	1333.5

总体而言，晋江体育制造业发展势头强劲，体育会展业发展单一[①]，竞赛表演业、健身休闲业、体育中介业、体育场馆业、体育旅游业等体育服务业发展相对滞后。

（2）产品结构单一，产品同质严重

晋江体育制造业以运动鞋服制造为主，具有雄厚的发展基础。但众多企业之间的产品差异化不明显，产品同质化严重，致使基地内部竞争激

[①] 乐仁油，高松龄. 体育会展与体育用品产业集群互动研究[J]. 体育文化导刊，2012（2）：52-54.

烈，容易造成库存积压等一系列问题[①]。

体育制造业"两级分化"的基本格局十分突出。体育制造品牌在国内具有一定的影响力，总体市场份额占有量较高，但各品牌产品的外观和功能具有惊人的相似度，且存在较严重的产品外观等工业设计模仿现象，缺乏各方面的创新开拓能力，导致产品的同质化十分严重。同时国际化高端品牌不足。近年来，受市场收紧、后奥运时代库存压力、净利润下降、互联网电商等冲击，品牌企业面临转型升级压力。另外，中小微企业存在品牌少、代工多、低端过剩、同质化竞争严重、创新能力不足、销售渠道受限等一系列问题，面临内外部市场激烈竞争和全面洗牌的困境。

（3）产业结构亟须完善跃升

随着人工成本的上升、原料价格的波动，传统鞋服纺织产业链向孟加拉国、印度、缅甸、巴基斯坦等国家转移[②]。以传统鞋服产业为主的晋江，在新经济常态下，产业结构转型升级迫在眉睫。晋江的中小企业众多，大都是传统的劳动力密集型企业，且产品质量参差不齐，致使整个产业链结构显得冗杂臃肿。虽然晋江拥有安踏（中国）有限公司、三六一度（中国）有限公司、福建浔兴拉链科技股份有限公司等科技创新能力较强的企业，但在创新实力方面和发达国家的同行业企业之间还有相当大的差距。在新时代发展背景下，全国范围内逐步形成了以体育用品业为支撑，以体育健身休闲业、体育竞赛表演业为核心，体育场馆、体育培训、体育传媒、体育旅游、体育中介等体育相关产业快速发展的态势[③]。以体育制造业为主的晋江体育产业链结构亟须完善，传统的劳动密集型产业向科技型产业的转型升级迫在眉睫。

（4）产品技术创新有待突破

目前，晋江多数体育产业集群大部分是同类体育制造企业的简单集合，依托传统制造业的基础，产品科技含量和科技附加值较低。体育制造

[①] 孙聪颖.国产体育品牌库存"压力山大"[N].北京商报，2012-8-24（5）.
[②] 邵生余.外贸争订单，境外展上比功夫[N].新华日报，2016-2-29（5）.
[③] 荆林波.我国体育产业发展现状、问题与对策建议[J].南京体育学院学报，2016，30（4）：1-10.

企业之间缺少联系，进行自主创新的体育制造民营企业基本上处于各自为营的状态，缺乏合作意识，整体上限制了自主创新的步伐。原创体育制造企业产品的技术含量较低，其他模仿体育制造企业不仅模仿成本不高，而且模仿所花费的时间很短，原创体育制造企业的产品和模仿体育制造企业的产品几乎同时进入市场，这就造成了原创体育制造企业的技术创新收益十分有限，自主创新积极性大大降低。

虽然部分企业科技创新能力较强，但相比国外众多体育企业仍有较大差距，且其中模仿原创的企业多，自主创新的企业少，发展潜力不足。研发费用投入不足是制约产品科技创新质量和数量的主要因素。例如，2015年特步的研发费用同比上涨12.8%，占当年总收入的2.3%；而根据安踏2015年的财报，安踏的研发费用也在增加，占销售成本的5.2%，较上一年度增加了0.9%。此外，361°的研发费用较过去几年也在增加，2015年的研发费用占营业额的3.1%。反观外资运动品牌大鳄耐克将32亿美元用于产品研发创新，研发投入占销售成本的10.46%[1]。从国际经验看，研发经费投入占销售收入1%以下的企业是难以维持生存的，占销售收入2%的企业可以勉强维持，占销售收入5%~10%的企业才有竞争力。

（5）基地发展思路有待创新

基地发展思路停留在如下方面：推动龙头企业走国际化发展道路；优化体育赛事资源，大力发展大众体育赛事，重点扶持职业专业体育赛事，适时引进世界高端体育赛事，打造一批赛事品牌；鼓励镇（街道）创建体育生活化示范社区；加快推进滨海运动休闲产业带建设；打造海峡西岸独具特色的宜居宜业城市，为全国体育产业发展和体育城市建设提供样板和经验。对于如何引导企业走国际化发展道路，并未有科学专业的对策建议。大众体育赛事如火如荼，继续发展的突出点仍需仔细设计。现在体育产业飞速发展，其中涉及体育金融、体育场馆管理运营、体育赛事服务、体育培训服务等体育服务业发展迅速[2]，但发展思路中涉及此部分甚少。在

---

[1] 方彬楠，王潇立. 体育品牌扎堆黑科技：研发费用不断攀升研发理念仍落后[N]. 北京商报，2016-8-23.

[2] 孙素玲，臧云辉. 我国体育服务业发展现状、问题及对策[J]. 首都体育学院学报，2015，27（6）：500-504.

传统体育制造业的基础上,如何寻找新的体育产业增长点、创新管理和发展思路是影响基地发展的一项重要因素。

第二节　晋江体育产业集聚的经济效应分析

在第五章的第二节通过定量分析方法对晋江市体育产业集聚有了一定的了解,也得知了在晋江市乃至整个福建省均存在体育产业集聚的现象。而这种产业集聚现象的经济效应如何,以及如何作用于晋江市的经济发展,本节将对上述问题采用灰色关联分析法进行探讨。

一、灰色关联分析法

灰色系统理论[①]于1982年由我国学者邓聚龙教授提出,是一种主要针对数据少、信息不充分、问题不确定的样本的研究方法。对于两个系统之间的因素,随时间或不同对象而变化的关联程度高低的度量,用灰色关联度表示。在系统发展过程中,若两个因素变化的趋势具有一致性,即同步化程度较高,则认为二者关联程度较高;反之,则较低。因此,灰色关联分析法是一种衡量两个因素间关联程度的分析方法,用该方法来衡量晋江体育产业集聚与该地区经济发展的关系具有可行性。

灰色关联分析法分析步骤如下:

(1) 确定参考数列 $X_0 = \{x_0(k), k=1, 2, \cdots, n\}$ 和比较数列 $X_i = \{x_i(k), k=1, 2, \cdots, n\}$;

(2) 对参考数列和比较数列采用初值法进行无量纲化处理,即

$$x_i' = x_i(k)/x_i \qquad (1)$$

(3) 计算比较数列与参考数列的绝对差值,$\Delta_i(k) = x_i(k) - x_0(k)$,记绝对差值最大值为 $\Delta(\max)$,绝对差值最小值为 $\Delta(\min)$;

[①] 邓聚龙.灰色系统理论简介 [J].内蒙古电力,1993 (3):51-52.

（4）计算参考数列与比较数列的灰色关联系数 $\alpha_i(k)$，$\alpha_i(k) = \dfrac{\Delta(\min) + \theta \Delta(\max)}{\Delta_i(k) + \theta \Delta(\max)}$。其中，$\theta$ 为分辨系数，一般取0~1，通常取0.5，文章灰色关联系数计算中取0.5；

（5）求比较数列与参考数列的关联度：

$$r_i = \dfrac{1}{n} \sum_{k=1}^{n} \alpha_i(k)$$

二、灰色关联度计算

经前文分析发现，晋江市体育产业集聚对晋江市经济发展具有重要影响。因此，参考已有研究基础，结合数据的可获得性，文章选择能够反映晋江市体育产业集聚程度的指标区位商作为参考序列 X，宏观方面选择晋江市GDP增长率作为比较序列 X_1，选择第一、第二、第三产业增加值及体育产业增加值作为比较序列 X_2、X_3、X_4、X_5。选取2006—2014年的统计数据进行灰色关联度分析。无量纲化处理后的数据如表16所示：

表16 灰色关联分析初值化数据

年份	2006	2007	2008	2009	2010	2011	2012	2013	2014
X	1.000	1.218	1.196	1.045	0.929	0.898	0.988	0.934	0.903
X_1	1.000	1.318	1.256	0.757	1.155	1.392	0.791	0.615	0.797
X_2	1.000	1.122	1.263	1.237	1.459	1.653	1.720	1.801	1.756
X_3	1.000	1.193	1.386	1.545	1.834	2.277	2.554	2.834	3.079
X_4	1.000	1.207	1.492	1.663	1.884	2.155	2.392	2.701	3.020
X_5	1.000	1.634	1.918	2.155	2.444	3.070	3.594	3.752	3.928

（1）求差序列结果

如表17所示。

表17 求差序列结果数据

年份	2006	2007	2008	2009	2010	2011	2012	2013	2014
Δ_1	0.000	0.010	0.060	0.288	0.226	0.494	0.198	0.319	0.106
Δ_2	0.000	0.096	0.067	0.192	0.530	0.756	0.731	0.867	0.853

(续表)

年份	2006	2007	2008	2009	2010	2011	2012	2013	2014
Δ_3	0.000	0.026	0.189	0.499	0.909	1.379	1.566	1.900	2.175
Δ_4	0.000	0.011	0.296	0.619	0.955	1.256	1.404	1.767	2.116
Δ_5	0.000	0.416	0.722	1.110	1.514	2.171	2.605	2.818	3.025

根据上述计算结果可知，$\Delta_{max}=3.025$，$\Delta_{min}=0.000$。

（2）求关联系数结果

如表18所示。

表18 求差序列结果数据

年份	2006	2007	2008	2009	2010	2011	2012	2013	2014
α_1	1.000	0.938	0.962	0.840	0.867	0.754	0.884	0.826	0.934
α_2	1.000	0.940	0.958	0.887	0.741	0.667	0.674	0.636	0.639
α_3	1.000	0.983	0.889	0.752	0.624	0.523	0.491	0.443	0.410
α_4	1.000	0.993	0.836	0.710	0.613	0.546	0.519	0.461	0.417
α_5	1.000	0.784	0.677	0.577	0.500	0.411	0.367	0.349	0.333

（3）求关联度

根据上述计算结果可以得到关联度：$r_1=0.890$，$r_2=0.794$，$r_3=0.680$，$r_4=0.677$，$r_5=0.555$，关联度排序为：$r_1>r_2>r_3>r_4>r_5$。

三、灰色关联度实证结果分析

从计算结果可以发现，GDP，第一、第二、第三产业增加值与体育产业区位商的关联度都超过了0.6，说明这四者与体育产业集聚均存在较强的关联性，晋江的体育产业集聚从宏观和中观层面来看具有显著的经济效应。

①关联度最大的是GDP，关联度达到0.890，充分说明了二者的密切联系。近几年，在中国经济下行趋势明显的大环境下，晋江市仍然能够凭借

良好的区位优势和发展策略保持良好的发展势头。2013年、2014年晋江市GDP分别为1363.94亿元、1492.86亿元，同比分别增长11.6%、9.8%；社会消费品零售总额分别为399.14亿元、454.12亿元，同比分别增长12.9%、12.6%；出口总额分别为106.25亿美元、118.79亿美元，同比分别增长11.2%、11.8%，这些都促进了全市体育产业规模的增长。同时，体育产业作为晋江市的支柱产业，其发展集聚为晋江的经济发展提供了保障和动力。晋江作为福建省的一个产业结构相对完整、产业层次较多的县级市，也是福建省乃至全国著名的体育产业集聚区，积极提升其集聚程度和集聚质量对于本市和福建省体育经济发展具有重要意义。

②关联度排名第二的是第一产业，关联度达到0.794。第一产业的主体是农业，可见体育产业发展对农业的依赖程度较高。农业是一切产业的基础支持产业，主要表现在工业基础原材料和粮食、蔬菜、水果、肉类的生产。例如，棉花、皮革、羽毛等均为制衣、制鞋和体育用品制造的重要基础原材料，而生产的粮食等则为人们的衣食住行提供最基础的支持。第一产业与体育产业的高关联度并不仅仅是直接关联，而是第一产业与体育产业的直接关联和第一产业对于第二、第三产业与体育产业相关联的间接贡献的相加。例如，纺织行业和皮革制造业等直接为体育产业提供原材料，而第一产业为第二产业提供原材料则是对体育产业的间接作用。

③第二产业关联度排名第三，关联度为0.680，说明与晋江体育产业发展的关系十分密切。晋江体育产业以体育用品制造业为主，可将其归为轻工业类，所以工业承担了晋江体育产业的大部分生产任务，为体育用品生产提供直接原材料、技术并生产成品，连接体育鞋服和用品制造各个环节，贯穿生产的整个过程。晋江正在大力建设先进制造业基地，重点发展体育、机械制造、电子信息等产业。体育产业作为晋江的支柱产业，需要结合晋江制造业整体布局，依托产业集聚优势，与其他产业联动发展，以提升抵抗经济风险的能力。

④体育产业中的部分类别属于第三产业，如体育金融、体育保险、体育赛事、体育培训、体育用品销售等。由于晋江的体育产业以体育制造业为主，故第三产业与体育产业区位商的关联度低于第二产业，但仍高达0.677。相关数据显示，2015年晋江体育产业总营收为1275.43亿元，增加值425.14亿元，占晋江市GDP的26.24%；体育服务业增加值占体育产业增加

值的19.59%。销售贸易是支持体育制造业发展的重要动力，同时体育服务业的比重逐渐增加，与第三产业的联系也越来越密切。按体育产业发展的惯例，产业重心会逐渐从体育制造业向体育服务业转移[①]。体育制造业是晋江的特色产业，但随着居民消费水平的提高和体育需求的不断增长，体育服务业迎来蓬勃发展的重大转折点，因此需要不断平衡体育制造业和体育服务业的比重，以提高晋江体育产业的丰富度。

第三节　晋江体育产业集聚的影响因素分析

晋江体育产业集聚程度与晋江经济发展存在较强的相关性，研究晋江体育产业集聚程度的影响因素对促进晋江经济发展具有重要意义。

一、影响因素的选择

参考国内外产业集聚影响因素指标构建方法，根据数据的可获得性和指标的代表性，研究从对外贸易、地区经济发展水平、地区居民消费水平、地区城市化水平、体育产品生产能力和政府投入六个指标来综合测度晋江体育产业集聚程度。

（1）对外贸易（Export，Exp）

晋江地处福建省南部沿海，具有完善的港口海运和航空交通运输体系，出口贸易一直是其国民经济重要组成部分，贸易额逐年稳定增加。晋江体育产业兴起于外贸经济，后转战国内市场，但外贸订单仍是其重要的生产驱动力。

（2）地区经济发展水平（Per GDP，PrGDP）

地区的经济发展水平越高，其良好的经济环境越有利于各行各业的发

[①] 方春妮，黄海燕. 基于产业集群的我国体育服务业发展模式［J］. 上海体育学院学报，2007，31（4）：28-33.

展。现在各产业间经济关系错综复杂，相互依赖性不断增强，良好的经济环境一般对体育用品制造业和服务业的发展具有积极的影响。研究以晋江人均GDP来衡量晋江经济发展水平。

（3）地区居民消费水平（Consumption，Cons）

随着国民经济的发展和居民消费水平的提高，体育需求必然会不断增长，主要表现为购买体育用品和体育服务产品逐渐增多。这都有利于本地体育产业的发展、壮大和集群的形成。

（4）地区城市化水平（Urbanization，Urb）

城市化水平的提高说明城市的各方面建设不断完善，城市的规模和容量都在扩大，有效劳动力由农村向城市转移，城市的商务区和产业园区有利于产业集聚的形成。

（5）体育产品生产能力（Gross Output，Outgro）

体育产品分为体育制造实物产品和体育服务产品，体育产品生产能力是衡量体育产业发展的最直观表现，在此以晋江体育产业营收来衡量晋江的体育产品生产能力。

（6）政府投入（Government output，Govout）

政府是影响经济发展的重要因素，包括政策制定、引导和政策性财政投资等，往往政府因素会影响整个地区的经济走向和形势。本研究以政府支出来衡量政府投入。

由于数据的对数变换不会改变原来的协整关系，而且可以使数据趋势线性化，消除时间序列数据中的异方差，所以研究对各变量进行以10为底的对数处理。综上所述，研究将模型设定为：

$$\lg(LQ) = \alpha + \beta_1 \times \lg(Exp) + \beta_2 \times \lg(PrGDP) + \beta_3 \times \lg(Cons) + \beta_4 \times \lg(Urb) + \beta_5 \times \lg(Outgro) + \beta_6 \times \lg(Govout) + \mu$$

二、面板数据检验

对数据进行回归之前需要对数据进行系列检验,以避免虚假回归,保证回归的有效性。对变量数据的检验通常包括数据的单位根检验和回归的协整检验。研究借助Eviews 8.0软件进行上述检验。

(1) 数据单位根检验

无论进行截面估计还是时间序列估计都需要先对数据进行单位根检验,只有数据是平稳的才可以进行回归分析,否则会产生虚假回归。数据的单位根检验方法有多种,研究选择ADF方法对数据进行平稳性检验。

由于数据的对数变换不会改变原来的协整关系,而且可以使数据趋势线性化,消除时间序列数据中的异方差,所以在数据处理过程中对部分变量求对数,对其对数进行平稳性检验。

对数据进行单位根检验结果如下(表19):

表19 数据单位根检验结果

变量	统计值	LQ	Ln(Exp)	PrGDP	Ln(Cons)	Urb	Outgro	Govout
原变量	ADF统计值	-3.294	-1.926	-2.327	-2.332	-2.34	-5.481	-1.796
	P值	0.1543	0.5435	0.3741	0.3724	0.3719	0.0199	0.6205
	结论	非平稳	非平稳	非平稳	非平稳	非平稳	平稳	非平稳
一阶差分变量	ADF统计值	-2.683	-2.145	-2.138	-1.109	-3.607	-3.441	-2.152
	P值	0.1282	0.2355	0.2382	0.6446	0.0392	0.0545	0.2337
	结论	非平稳	非平稳	非平稳	非平稳	平稳	平稳	非平稳
二阶差分变量	ADF统计值	-2.67	-2.885	-12.089	-1.872	-4.021	-2.641	-3.26
	P值	0.017	0.0137	0.0026	0.0637	0.0024	0.0197	0.0068
	结论	平稳	平稳	平稳	平稳	平稳	平稳	平稳

研究数据同阶单整可以进行数据协整检验，根据数据单位根检验结果，原始数据不平稳，一阶差分后部分变量数据平稳，二阶差分后所有变量数据均通过单位根检验。说明研究数据是二阶平稳的，可以进行下一步协整检验。

（2）协整检验

协整检验是用来说明变量间是否存在长期稳定关系的一种检验方法。若方程回归残差是平稳的，则可以直接在此基础上对原方程进行回归，这样的回归结果比较准确。

根据单位根检验得到数据二阶平稳的结论，后续需要做协整检验，以判断变量间是否存在长期稳定关系。首先对数据进行回归，得到残差序列E，对E进行平稳性检验以判断变量是否协整。协整检验结果如下（表20）：

表20　原一阶差分单位根检验结果

Null Hypothesis：E has a unit root

Exogenous：None

Lag Length：0（Automatic-based on SIC, maxlag=1）

		t-Statistic	Prob.*
Augmented Dickey-Fuller statistic		-3.059480	0.0073
Test critical values：	1% level	-2.886101	
	5% level	-1.995865	
	10% level	-1.599088	

*MacKinnon（1996）one-sided p-values.

协整检验结果表明，在99%的显著水平下，可以拒绝原假设。变量间具有长期稳定关系，可以进行回归分析。

（3）模型回归

数据预处理过程中对数据进行了取对数处理，但在模型估计中，为减少异方差与多重共线性造成的影响，研究选择运用逐步回归法对模型进行回归，回归结果如下：

$$LQ = 8.004 - 0.909 \times PrGDP + 0.008 \times Outgro$$
$$T = （11.99066）（-2.173446）（1.819642）$$
$$P = （0.0000）（0.0727）（0.1187）$$
$$R^2 = 0.66, \overline{R}^2 = 0.54, F\text{-statistics} = 5.78, DW = 1.14$$

从模型回归结果来看，R^2和$\overline{R}^2$均达到了50%以上，说明该模型可以解释50%以上的因素。考虑到研究数据量较少，该模型拟合度相对较好。DW值为1.14，说明不存在序列相关问题。对该模型的残差进行单位根检验，ADF检验的P值为0.0267，可以拒绝原假设，残差在水平值下是平稳的。因此，该模型通过了各项检验，是有效回归。

三、模型回归结果分析

晋江体育产业形成集聚是一个周期相对较长的过程，对晋江整个产业格局影响深远，时滞性较强。从回归分析方程的回归结果来看，各个变量的系数估计值有正有负：晋江经济发展水平系数为负、体育产品生产能力系数为正，对体育产业集聚度产生显著影响。这说明晋江经济发展水平与其体育产业集聚呈负相关，体育产品生产能力与晋江体育产业集聚呈正相关。

晋江经济发展水平对体育产业集聚有着负影响。晋江体育产业发展历史悠久，且发展速度较快。随着其他产业不断发展和体育产业发展饱和、稳定，虽然体育产业增速均为正，但近年来相比晋江整体的经济发展速度处于较低水平，这导致晋江市体育产业占整体经济总量的比重有所下降，体育产业的集聚程度相对降低，两者之间的经济数据呈现负相关。随着产业链的不断整合升级，晋江市体育产业发展会逐渐趋于稳定，虽集聚度有所下降，但集聚质量在不断提升。

体育产品生产能力对体育产业集聚有着正影响。体育产品包括物质性产品和服务性产品，本研究以体育产业总营收代表体育产品生产能力，是衡量一个地区体育产业发展的重要指标之一。体育产品生产能力越强，此地区的体育产业越具备创新和不断发展的潜力。这是地区经济重要拉动点之一。若不考虑其他因素影响，体育产品生产能力越强，体育产业集聚度越高，两者呈正相关。

第四节　发展方向分析建议

一、问卷分析

向体育产业领域相关学者、专家以及体育局和体育产业基地一线工作者发放问卷（见附录2）50份，回收问卷46份，其中有效问卷46份。根据国家统计局和国家体育总局颁布的《国家体育产业统计分类》，目前将体育产业细分为11个产业类别：体育管理活动（A）、体育竞赛表演活动（B）、体育健身休闲活动（C）、体育场馆服务（D）、体育中介服务（E）、体育培训与教育（F）、体育传媒与信息服务（G）、体育用品及相关产品制造（H）、体育用品及相关产品销售（I）、贸易代理与出租（J）、体育场地设施建设（K）。

通过SPSS软件对问卷数据的可靠性分析结果如表21所示。

表21　问卷可靠性分析结果

变量名称	题项个数	Cronbach Alpha 值
业间影响分数	11	0.981
指标影响分数	2	0.863

理论上，问卷可靠性分析系数为0.8~0.9说明量表的可靠度可以接受，研究问卷调查结果显示回收的调查问卷具有客观可信性，对问题具有客观描述性。

（1）主导产业选择

问卷数据显示，目前晋江市体育产业中占据主导地位的体育产业类别前四位分别是：体育用品及相关产品制造（92.8%）、体育用品及相关产品销售（64.2%）、体育健身休闲活动（42.8%）及贸易代理与出租（42.8%）。

（2）发展侧重点分析

关于未来晋江体育产业的发展方向及发展侧重点的问题，本研究通过层次分析法对问卷数据进行分析讨论，并根据问卷数据做出判断矩阵（表22）：

表22　判断矩阵

	A	B	C	D	E	F	G	H	I	J	K
A	1	9/7	8/7	6/7	5/7	13/14	11/14	17/14	13/14	13/14	13/14
B	15/14	1	9/7	17/14	11/14	17/14	8/7	15/14	9/7	9/14	17/14
C	17/14	17/14	1	3/2	5/7	10/7	6/7	10/7	19/14	11/14	17/14
D	15/14	8/7	3/2	1	11/14	17/14	15/14	1	5/7	13/14	3/2
E	1	8/7	17/14	8/7	1	15/14	15/14	11/14	13/14	13/14	11/14
F	15/14	17/14	9/7	13/14	15/14	1	11/14	6/7	13/14	1/2	1
G	15/14	10/7	17/14	17/14	8/7	15/14	1	6/7	6/7	5/7	1
H	9/7	6/7	1	11/14	11/14	6/7	6/7	1	10/7	17/14	5/7
I	6/7	15/14	19/14	6/7	11/14	15/14	1	9/7	1	17/14	13/14
J	6/7	5/7	9/14	5/7	11/14	9/14	6/7	10/7	10/7	1	9/14
K	8/7	19/14	10/7	19/14	1	15/14	6/7	6/7	9/14	5/7	1

判断矩阵中的数值表示一个细分体育产业类别对另一个细分体育产业类别的相对重要程度。以第三行第一列数值"17/14"为例，体育健身休闲活动（C）对体育管理活动（A）的重要程度为17/14，即体育健身休闲活动（C）比体育管理活动（A）更为重要。第六行第十一列数值"1"则表示体育培训与教育（F）对体育场地设施建设（K）的重要程度为1，即体育培训与教育（F）与体育场地设施建设（K）同等重要。

对矩阵中各产业类别对体育产业的重要度进行计算，首先计算矩阵特征向量分量：

$$w_A^0 = \sqrt[11]{1 \times \frac{9}{7} \times \frac{8}{7} \times \frac{6}{7} \times \frac{5}{7} \times \frac{13}{14} \times \frac{11}{14} \times \frac{17}{14} \times \frac{13}{14} \times \frac{13}{14} \times \frac{13}{14}} = 0.960$$

$w_B^0 = 1.063$ $w_G^0 = 1.034$

$w_C^0 = 1.123$ $w_H^0 = 0.957$

$w_D^0 = 1.058$ $w_I^0 = 1.024$

$w_E^0 = 0.997$ $w_J^0 = 0.846$

$w_F^0 = 0.942$ $w_K^0 = 1.008$

根据矩阵向量分量计算各产业类别对体育产业的重要度：

$w_A = 0.0871$ $w_G = 0.0939$

$w_B = 0.0965$ $w_H = 0.0869$

$w_C = 0.1019$ $w_I = 0.0930$

$w_D = 0.0960$ $w_J = 0.0768$

$w_E = 0.0905$ $w_K = 0.0915$

$w_F = 0.0856$

对上述计算结果进行相容性和误差分析，λ 值计算结果为：

$\lambda = [\,11.201,\ 11.326,\ 11.363,\ 11.346,\ 11.176,\ 11.431,\ 11.302,\ 11.225,\ 11.167,\ 11.415,\ 11.478\,]'$

则相容性偏离度为：

$$C.I. = \frac{\lambda_{\max} - n}{n - 1} = \frac{11.478 - 11}{11 - 1} = 0.0478$$

一般情况下，相容性偏离度小于0.1就可以认为判断矩阵有相容性，据此计算的权重值是可以被接受的。

根据层次分析结果，各产业对体育产业的重要度排序为：体育健身休闲活动>体育竞赛表演活动>体育场馆服务>体育传媒与信息服务>体育用品及相关产品销售>体育场地设施建设>体育中介服务>体育管理活动>体育用品及相关产品制造>体育培训与教育>贸易代理与出租。

根据上述分析，晋江体育产业已经由以传统制造业为主逐渐向以制造业为主体，体育健身休闲活动、体育场馆服务和体育竞赛表演活动等共同发展的方向转变。以体育制造销售为支持基础，体育服务业和体育工业同步发展是晋江体育产业发展的必然趋势。

（3）创新型意见

根据晋江的实际情况，选取地理位置、创新能力、体育场馆资源、国家级省级训练基地、企业跨界合作、群众体育6个指标，以其正负向发展对晋江体育产业发展的影响做专家调查。调查结果表明，上述6个指标对企业的促进作用与抑制作用均与该6个指标的发展呈正相关。其中，创新能力与企业跨界合作这两个指标对企业发展的影响最为显著。

此外，专家提出，除上述6个指标的发展与晋江体育产业的发展具有相关性外，国家战略、政府政策、产业基础、领导思维与决策能力以及专业人才的培养或引进也是影响晋江体育产业发展的重要因素。因此，发展群众体育、促进体育产业链升级、鼓励企业创新转型、促进晋江体育产业向"体育+"的方向发展，均是促进晋江体育产业发展的重要手段。

二、宏观发展方向建议

（1）以体育制造业强力带动体育产业整体发展

实力雄厚的体育制造业是晋江体育产业发展的绝对力量，具有资金和实力实现跨界并能带动其他相关产业的发展。支持体育制造企业参股知名互联网体育产业专门运营公司（经认定），并开展线上线下营销合作；鼓励开展基于信息技术的体育用品电子商务服务平台，为体育制造企业提供技术支持、在线采销、供应链优化、经营管理及人员培训等服务；鼓励开展代运营、数据挖掘、信用查询、咨询培训、会展推介、金融等内容的外包服务，全面发展"体育+"多元化跨界产业；鼓励体育用品生产企业运用信息技术开展线上线下互动经营，建立网购体验店，提升消费者的购物体验和购物便利程度。充分引导各企业利用体育制造业的资金、营销经验和营销渠道等资源，强力带动相关服务业的发展，促进产业整体协调发展。

（2）推动产业融合发展，促进产业链条延伸跃升

晋江是中小企业发展的乐园，但中小微企业品牌少、代工贴牌多、同

质化竞争严重、创新能力不足、销售渠道受限、内外部竞争激烈，且应对市场风险能力不足。科研创新能力是一个企业发展的最大潜动力，晋江应支持企业间的合作和合并升级，提升其研发和创新能力，鼓励多元化和差异化竞争，引进先进的设备和技术，完善并升级产业链，提升产能和产品质量；更应积极培育品牌，提升品牌意识，拓展和优化其销售渠道，并对有重大技术创新和科技进步的企业进行现金或税收减免等奖励，支持企业做大做强。

应构建国际体育品牌交流平台，积极出台有利于品牌发展的相关政策建议，加大对国际化品牌的培育力度，加快品牌国际化步伐，促使晋江从国内品牌之都发展成世界品牌之都。

（3）依托丰富场馆和赞助资源，着力开发繁荣竞赛表演市场

坚持以"政府引导、企业承办、社会参与"为主要形式，积极依托场馆资源，大力发展赛事经济，组织举办各级各类体育竞赛，促进市场活力全面迸发。2015年，晋江先后举办和承办了"好彩头"杯全国沙滩排球大满贯赛、中国足协杯比赛、361°杯第三届中国·晋江自行车公开赛、全国健美健身冠军总决赛等赛事，取得了良好的社会效益，但经济效益不足。

打造国家体育城市，晋江要建成真正意义上的运动之城、体育之城，让体育变成城市的影响力、经济生产力、文化传播力和社会亲和力，从而打造差异化发展的核心竞争力。晋江要依托场馆资源和雄厚的赛事赞助资源，积极引进高水平、高观赏性的体育竞技比赛。晋江体育品牌有责任和义务积极培育打造自主IP品牌赛事和特色赛事，着力开发繁荣竞赛表演市场，努力提高竞技水平和赛事观赏性，积极做好宣传和市场化运作，让资本和各类资源成为推动体育竞赛表演市场的主要引擎。

（4）补充产业结构短板，全面建设国家级运动训练基地

晋江是中国羽毛球队训练基地，曾荣获"中国羽毛球协会成立50周年最佳基地奖"。同时，晋江还是国家沙滩排球训练基地、帆船帆板训练基地和极限运动训练基地[1]。继续积极依托体育产业和国内体育品牌资源优势

---

[1] 石作洲.晋江体育产业发展现状与对策思考［J］.现代商业工贸，2015（12）：28-30.

与各运动项目国家队共建国家级运动训练基地,积极促进达成战略合作协议,利用各运动项目国家队和训练基地资源宣传、推广自身产品和品牌,达到共赢的效果。

充分利用国家队和国家级运动训练基地的人力资源、场地设施资源以及名气等无形资产,进行科学合理的管理运作,发展体育经纪公司、体育培训公司、体育保险公司和体育产品科研等体育服务业相关项目,补齐体育产业羸弱的产业结构短板。

(5)促进产业融合发展,创造新的体育产业增长版块

晋江应梳理体育产业发展的路线图、时间表,推动体育和文化、旅游、金融、互联网融合发展,探索新业态、新模式,提高附加值,推动传统体育产业转型升级并向高端化发展。例如,安踏2015年营业收入突破100亿元,毛利率达到46.62%,通过实施多品牌战略意欲在10年内打造千亿级企业;361°与百度跨界合作,联合成立"大数据创新实验室",全面拉开双方在智能运动装备领域的布局大幕,并携手乐视体育构建基于移动互联网的智能运动生态系统,整体发展"互联网+体育"模式;贵人鸟通过投资虎扑网,联合景林投资成立体育产业基金,探索"互联网+体育制造业+体育服务业+文化传媒+金融"的新模式;浩沙国际则尝试开发新的服务市场,与全国多家医院合作开发健康测评与管理应用,推广"医疗+体育"智能健身模式。

晋江应加强传统体育产业与其他产业合作的桥梁架设,积极打造和引进新颖先进的相关合作项目,为企业和产业的发展指引方向并铺平道路。另外,要提供相应的政策、土地空间以及资金支持,为晋江体育产业的发展创造新的增长点。

(6)利用区位优势,实现体育产业事业统一发展

晋江是距离我国台湾地区最近的城市之一[①]。依托两岸血脉情感,积极巩固海峡两岸体育文化交流平台,促进两岸体育产业和相关产业合作发

---

① 吴尚义,许奋奋. 新时期海西体育产业发展的机遇与挑战——兼析晋江市体育产业发展与策略[J].体育科技文献通报,2010,18(12):8-11.

展；积极打造两岸的官方赛事和民间赛事，利用晋江火爆的大众体育赛事资源，发展两岸企业和村镇之间的各项体育联赛（篮球、足球、排球等）和单项赛事（马拉松、武术等），不断优化形成大众喜闻乐见的品牌赛事，以此为契机开展各类体育产业博览会、产业学术论坛等。为体育产业发展提供基础资源和知识支持，为晋江的大众体育事业增添色彩；加强两岸的交流与合作，为统战事业工作作出贡献。

（7）继续大力推广群众体育，营造体育产业发展良好氛围

晋江曾先后获得全国体育先进市、群众体育先进集体、武术之乡、游泳之乡等一大批荣誉称号，这得益于晋江发达的群众体育。晋江企业的蓬勃发展离不开拼搏努力的企业员工，体育运动的拼搏争先和永不服输的精神往往会被融入一个企业的发展理念中。发达的群众体育不仅能让群众保持良好的身体素质和精神面貌，也可以增强社会活力，以支持企业在生产和市场推广方面的拼搏和开拓。同时，群众体育的快速发展必然带动体育消费热潮，以消费促生产的发展模式必然成为本地体育制造业和相关服务业新的增长点，这些都为体育城市的建设注入热爱运动的基因，为体育产业的蓬勃发展营造良好的体育氛围。

本章小结

晋江是我国东南沿海著名的体育制造业生产基地，本章主要介绍了晋江体育产业体量大、实力雄厚、品牌众多等发展现状，是晋江市的支柱产业。2015年晋江体育产业增加值对晋江GDP的贡献率为26.24%。晋江的体育产业发展具有重点企业（规上和限上企业）带动、产业集群发展、群众体育发展迅猛等特点。在晋江体育产业发展形势喜人的情况下，其发展依然存在着众多问题，包括产业内发展一强多弱、产品单一且同质化、产业结构亟须完善跃升、产品技术创新有待突破、体育产业基地发展思路有待创新等。

随后，通过灰色关联分析法表明晋江市GDP，第一、第二、第三产业增加值与体育产业区位商的关联度都超过了0.6，说明这四者与体育产业集聚均存在较强的关联性。晋江的体育产业集聚从宏观和中观层面来看具有显著的经济效应。

利用回归模型对晋江体育产业集聚的影响因素进行分析，构建线性模型，采用了广义最小二乘法对模型参数进行求解。从回归结果来看，各因素的回归系数表明了其对晋江体育产业集聚程度的影响系数。根据回归系数分析，晋江市进出口额、居民消费水平及城市化水平都对晋江市体育产业集聚产生显著影响。此外，截距项表明，除回归方程中的因素外，还存在其他因素也对晋江体育产业集聚产生影响。

第七章　国家体育产业基地空间政策导向研究

体育产业的集聚是我国现阶段体育产业基地产生和发展的基础，是我国体育产业基地的主要特征之一。通过对国家体育产业基地的整体评述不难发现，现阶段对国家体育产业集聚的定量分析较少，缺少相应的体育产业集聚水平评测体系。国家体育产业基地的监管存在一定的政策或制度的缺失，对国家体育产业基地建设的动态监管还不到位。因此，本章主要对全国体育产业集聚区的定量辨识与科学分布进行描述，构建国家体育产业集聚水平测度评价指标，制定适应基地发展的相关政策、制度，以及建立"国家体育产业基地"专门性动态监管及数据信息流通平台等方面的国家体育产业基地发展政策建议。

一、进行系统描述，指导宏观布局

对全国体育产业集聚区域的分布、规模、产业性质等的准确了解，是指导国家体育产业基地科学布局、提高基地整体效益的重要前提。要深刻理解国家体育产业基地在整体体育产业发展中的深层产业逻辑。国家体育产业基地作为一种国家体育产业发展的重要战略形式，具有重要的全局性意义，其批设与管理考虑的要素不仅是区域性发展需求。作为一种国家体育产业的重大、主动的制度设计，其点位的布局必须有利于促进宏观整体体育产业的发展，并需要与特征明显的全国体育产业集聚区域进行有效的梯度对接。然而，目前还没有关于全国体育产业集聚区的辨识程度、特点和科学分布描述系统的学术资料，甚至还缺乏最基本的了解。全国体育产业集聚区分布及性质数据信息的缺失，使得国家体育产业基地的批设缺乏宏观统筹,降低了国家体育产业基地的制度辐射绩效。

因此,在未来的研究中,采用调查研究方法,通过定性摸查与定量测度相结合的方法,准确描述和系统了解我国体育产业集聚区的分布及特征,对于国家体育产业基地的发展不仅十分必要,也相当迫切。

二、构建认证系统,实行量化评定

构建国家体育产业基地产业集聚水平定量测度评价系统,实行科学遴选与认证,是国家体育产业基地批设与发展过程中亟待解决的重点问题。对国家体育产业基地产业集聚特征的准确把握,是实现国家体育产业基地科学发展的重要前提。国家体育产业基地的认定与批设,不仅要依靠申报地区的自评自报材料的定性描述,更要依靠科学的辨识和产业测度工具所进行的定量产业特征分析。借鉴Porter产业集群定性评价钻石模型(Diamond Model, 1998)[①],结合体育产业的产业特性,综合运用GEM模型法、层次分析法、熵值法及组合赋权法等方法,构建国家体育产业基地产业集聚水平测度的指标体系,不但可以对现有"国家体育产业基地"的产业集聚特征进行科学准确的把握,指导其科学发展,也可对国家体育产业基地申报地区的体育产业形态进行定量特征描述,实现对国家体育产业基地的科学认定与管理。构建国家体育产业基地"产业集聚水平测度评价指标认证系统,实行量化评定与认定,对于研究预测国家体育产业基地产业集群发展的战略模式及具体政策措施,以及实现国家体育产业基地的科学发展十分必要。

三、制定制度体系,实现科学发展

缺乏专门、科学合理和可操作性的国家体育产业基地管理办法及其配套项目支持制度体系,是制约国家体育产业基地发展的重要障碍。产业基

[①] 席玉宝,刘应,金涛. 我国体育用品产业集群的现状与发展研究[J]. 体育科学,2005(6):22-25.

地、产业园区等产业集聚区并不一定会发展成具有强劲创新及竞争力的产业集群[①]。产业集群的培育需要正确的产业认知及科学合理的发展政策。地方政府管理部门对国家体育产业基地的发展思路、推进措施等问题存在极大的困惑性和盲目性。作为国家体育产业基地行政审批及管理部门的国家体育总局相关职能部门，由于制度准绳与制度监督体系的缺失，不同于国家体育产业基地的日常管理与服务，国家体育产业基地的评审批定是一个"存在较大权利寻租空间、潜在利益滋生和利益外溢的过程。相关部门往往在一个国家体育产业基地评审批定之后，随即转入下一个国家体育产业基地的评审批报过程，忽视了对国家体育产业基地管理制度进行"顶层设计"的关注。

对国家体育产业基地进行科学的顶层制度设计是国家体育产业基地科学发展的前提。在国家体育总局层面，需深入研究国家体育产业基地产业集聚特性和在国家体育产业发展中的重要地位和作用。要制定国家体育产业基地指导性、原则性的法规文件，建立科学的配套制度，对接国家体育产业基地现实发展需求。如根据国家体育产业基地区域就近原则，设立专门服务国家体育产业基地发展的知识研究机构等。在地方政府层面，要深刻地认识到，作为国家体育产业基地的支持与服务机构，其政策干预不是仅关注具体的单个企业，而是要服务于整个体育产业集聚区的综合创新、发展及竞争力的提高。应该制定科学合理的配套制度体系，促进国家体育产业基地产业集群内部不同行为主体之间的信息沟通与知识流动，营造产业创新氛围。

四、建立流通平台，保障动态推进

缺乏国家体育产业基地专门性动态监管及数据信息流通平台，是国家体育总局相关管理部门制度制定与政策调整迟滞的重要因素。目前，关于国家体育产业基地，国家体育总局相关管理部门与地方政府国家体育产业

[①]徐茂卫，管文潮. 我国体育产业集聚的动力机制[J]. 上海体育学院学院报，2012，36（3）：59.

基地对口负责部门之间信息流动不畅,国家体育总局职能管理部门对国家体育产业基地的实施、进展、问题等基本情况了解不足。应通过建立专门的国家体育产业基地信息管理平台、年度的基地进展工作汇报、定期连续的成员联席会议等多种形式,加深对国家体育产业基地实施进展的动态了解,指导和服务国家体育产业基地建设,促进国家体育产业基地之间的信息流通和相互合作,这对于国家体育产业基地的推进和发展具有重要作用。

第八章 研究结论

以促进体育产业集聚区集群创新发展为目标的国家体育产业基地，是我国体育产业政策制度创新的重要内容和着力点。相关学术关注与系统研究的不足，甚至缺乏最基本的学术整理，是导致目前国家体育产业基地出现发展瓶颈的重要原因。因此，对国家体育产业基地的学术关注和系统研究不仅非常必要，也十分迫切。

本研究调查及分析认为：

①现阶段关于国家体育产业基地的专门性研究较少，一般以理论性研究或定性研究为主，实证研究或定量研究较少，这主要受国家体育产业基地产业集聚发展数据统计等较为滞后的影响。在进一步的研究中应深入跟踪调查每一个国家体育产业基地产业集聚情况及发展情况，及时总结成功的经验并进行交流与沟通，进而促进国家体育产业基地制度的进一步发展和完善。

②从国家体育产业基地制度诞生的历史历程看，其发端于我国不同经济部门产业发展实践经验之间的"知识相互溢出"。国家体育产业基地的发展主要经过了概念性酝酿（2003—2005）、制度性确立（2005—2006）、探索性实施（2006—2011）、理性化发展（2012年至今）及多元化发展（2013年至今）五个阶段。在发展过程（2003年至今）中，尤其是近年来（2009—2013），国家体育产业基地发展中存在的地方政府基地申报动机的政绩化、基地批设缺乏科学严谨程序、基地发展方向的模糊性及发展措施的迷惑性、基地日常管理的空心化等现象值得警示。2012年以来，随着各项管理制度的不断完善，国家体育产业基地建设与申请逐渐走向理性化与多元化的趋势。

③从现有国家体育产业基地的综合产业特征看，现有的国家体育产业基地都具有较好的体育产业集聚基础；国家体育产业基地的设置能较好地体现均衡布局与综合辐射效应；各个国家体育产业基地体育产业发展基础的产业属性具有较明显的差异性，我国体育产业结构调整与改革具有较好

的产业基础；政府干预与市场机制始终是影响国家体育产业基地体育产业集聚最重要的两股力量。

④通过对国家体育产业基地的实施、特点及综合产业特征的分析，当前"国家体育产业基地"亟须规范管理、系统规划和科学发展。首先，对全国体育产业集聚区的分布、规模、产业性质等的准确了解，是指导国家体育产业基地科学布局、提高基地整体效益的重要前提。必须通过定性摸查与定量测度相结合的方法，对全国体育产业集聚区进行定量辨识与科学分布的系统描述，以指导宏观布局。其次，构建国家体育产业基地产业集聚水平定量测度评价系统，实行科学遴选与认证，是国家体育产业基地批设与发展过程中亟待解决的重点问题。亟须构建国家体育产业基地产业集聚水平测度评价指标认证系统，以实行量化评定。再次，缺乏专门、科学合理和可操作性的国家体育产业基地管理办法及其配套项目支持制度体系，是制约国家体育产业基地发展的重要障碍。应尽快制定国家体育产业基地管理办法及其配套项目支持制度体系，以实现科学发展。最后，缺乏国家体育产业基地专门性动态监管及数据信息流通平台，是国家体育总局相关管理部门制度制定与政策调整迟滞的重要因素。相关部门亟待建立国家体育产业基地专门性动态监管及数据信息流通平台，以保障动态推进。

后 记

对于体育研究者而言,一篇专著研究的完成就如同一名婴儿的降生,虽然你对它满怀期许,但不能指望它单独完成所有事。事实上,它所能做的比你想象的要少得多。该研究的主要意义并不在于希望它可以一劳永逸地解决国家体育产业基地发展中存在的现实问题,事实上也无法做到;而在于它可以促使相关体育产业研究学者关注和认识到国家体育产业基地在我国整体体育产业政策链条中的重要意义,进而通过集体、系统、专业的研究,为国家体育产业基地的发展提供科学参考与政策依据。此外,还在于它可以借此警示国家体育产业基地相关国家体育行政管理及地方政府部门认识到规范管理、科学发展、动态推进是保障国家体育产业基地持续发展,发挥其应有制度效力的前提,继而通过不同领域的研究学者、管理者等的集体智慧与热忱,在中国体育产业发展最富效率的政策环节——国家体育产业基地,来实质性地推动我国整体体育产业的发展。最后,在几年的研究过程中,笔者既经历过激情澎湃的憧憬,也遭遇了"还真调研"的嘲讽;既有温暖的鼓励,也有令人不快的冷遇;既有对学术新题发现与破解的自以为是、沾沾自喜,也有对有些问题浅尝辄止的一知半解而心生苦闷。但我依然珍视这一切。希望在未来的研究中,站在前人研究的基础上,笔者能进一步切实地解决本研究所推证出的亟待解决的问题。希望得出的成果与理论既经得起检视,也容得下质疑;既可以解决现实的问题,也可以启发新的疑迹;为益学者所认,为利业者所循。

附录 1
已发表的研究成果

发表时间	作者	成果名称	发表刊物和获奖情况
2014	邢尊明，程一辉，等	国家体育产业基地：实施进程、特征分析与推进策略	《体育科学》
2015	邢尊明	我国地方体育产业引导资金政策实践、配置风险及效率改进——基于8个省、自治区、直辖市的实证调查及分析	《体育科学》人大复印资料全文转载，获福建省第十二届社会科学优秀成果一等奖、第八届高等学校科学研究优秀成果（人文社会科学）二等奖
2016	邢尊明，周良君	我国地方政府体育产业政策行为研究——基于政策扩散理论的省（级）际政策实践调查与实证分析	《体育科学》

附录 2
晋江体育产业间影响系数分析专家调查问卷

1. 请选择三个您认为目前晋江体育产业占主导地位的体育产业类别：
[多选题] *

　　□A 体育管理活动　　　　　　□B 体育竞赛表演活动
　　□C 体育健身休闲活动　　　　□D 体育场馆服务
　　□E 体育中介服务　　　　　　□F 体育培训与教育
　　□G 体育传媒与信息服务　　　□H 体育用品及相关产品制造
　　□I 体育用品及相关产品销售　□J 贸易代理与出租
　　□K 体育场地设施建设

2. 请根据您的理解和经验选择晋江的"体育管理活动"对下列各项的影响分数：

（说明：-1 分表示抑制作用，0 分表示没有影响，1 分表示促进作用，2 分表示强促进作用 [矩阵量表题] *）

分数	-1	0	1	2
体育竞赛表演活动				
体育健身休闲活动				
体育场馆服务				
体育中介服务				
体育培训与教育				
体育传媒与信息服务				
体育用品及相关产品制造				
体育用品及相关产品销售				
贸易代理与出租				
体育场地设施建设				

附录2 晋江体育产业间影响系数分析专家调查问卷

3. 请根据您的理解和经验选择晋江的"体育竞赛表演活动"对下列各项的影响分数：

（说明：-1分表示抑制作用，0分表示没有影响，1分表示促进作用，2分表示强促进作用［矩阵量表题］*）

分数	-1	0	1	2
体育管理活动				
体育健身休闲活动				
体育场馆服务				
体育中介服务				
体育培训与教育				
体育传媒与信息服务				
体育用品及相关产品制造				
体育用品及相关产品销售				
贸易代理与出租				
体育场地设施建设				

4. 请根据您的理解和经验选择晋江的"体育健身休闲活动"对下列各项的影响分数：

（说明：-1分表示抑制作用，0分表示没有影响，1分表示促进作用，2分表示强促进作用［矩阵量表题］*）

分数	-1	0	1	2
体育管理活动				
体育竞赛表演活动				
体育场馆服务				
体育中介服务				
体育培训与教育				
体育传媒与信息服务				
体育用品及相关产品制造				
体育用品及相关产品销售				
贸易代理与出租				
体育场地设施建设				

5. 请根据您的理解和经验选择晋江的"体育场馆服务"对下列各项的影响分数：

（说明：–1分表示抑制作用，0分表示没有影响，1分表示促进作用，2分表示强促进作用［矩阵量表题］*）

分数	-1	0	1	2
体育管理活动				
体育竞赛表演活动				
体育健身休闲活动				
体育中介服务				
体育培训与教育				
体育传媒与信息服务				
体育用品及相关产品制造				
体育用品及相关产品销售				
贸易代理与出租				
体育场地设施建设				

6. 请根据您的理解和经验选择晋江的"体育中介服务"对下列各项的影响分数：

（说明：–1分表示抑制作用，0分表示没有影响，1分表示促进作用，2分表示强促进作用［矩阵量表题］*）

分数	-1	0	1	2
体育管理活动				
体育竞赛表演活动				
体育健身休闲活动				
体育场馆服务				
体育培训与教育				
体育传媒与信息服务				
体育用品及相关产品制造				
体育用品及相关产品销售				
贸易代理与出租				
体育场地设施建设				

附录2 晋江体育产业间影响系数分析专家调查问卷

7. 请根据您的理解和经验选择晋江的"体育培训与教育"对下列各项的影响分数：

（说明：-1分表示抑制作用，0分表示没有影响，1分表示促进作用，2分表示强促进作用[矩阵量表题]*）

分数	-1	0	1	2
体育管理活动				
体育竞赛表演活动				
体育健身休闲活动				
体育场馆服务				
体育中介服务				
体育传媒与信息服务				
体育用品及相关产品制造				
体育用品及相关产品销售				
贸易代理与出租				
体育场地设施建设				

8. 请根据您的理解和经验选择晋江的"体育传媒与信息服务"对下列各项的影响分数：

（说明：-1分表示抑制作用，0分表示没有影响，1分表示促进作用，2分表示强促进作用[矩阵量表题]*）

分数	-1	0	1	2
体育管理活动				
体育竞赛表演活动				
体育健身休闲活动				
体育场馆服务				
体育中介服务				
体育培训与教育				
体育用品及相关产品制造				
体育用品及相关产品销售				
贸易代理与出租				
体育场地设施建设				

9. 请根据您的理解和经验选择晋江的"体育用品及相关产品制造"对下列各项的影响分数：

（说明：–1分表示抑制作用，0分表示没有影响，1分表示促进作用，2分表示强促进作用［矩阵量表题］*）

分数	–1	0	1	2
体育管理活动				
体育竞赛表演活动				
体育健身休闲活动				
体育场馆服务				
体育中介服务				
体育培训与教育				
体育媒体及信息服务				
体育用品及相关产品销售				
贸易代理与出租				
体育场地设施建设				

10. 请根据您的理解和经验选择晋江的"体育用品及相关产品销售"对下列各项的影响分数：

（说明：–1分表示抑制作用，0分表示没有影响，1分表示促进作用，2分表示强促进作用［矩阵量表题］*）

分数	–1	0	1	2
体育管理活动				
体育竞赛表演活动				
体育健身休闲活动				
体育场馆服务				
体育中介服务				
体育培训与教育				
体育媒体及信息服务				
体育用品及相关产品制造				
贸易代理与出租				
体育场地设施建设				

附录2 晋江体育产业间影响系数分析专家调查问卷

11. 请根据您的理解和经验选择晋江的"贸易代理与出租"对下列各项的影响分数：

（说明：-1分表示抑制作用，0分表示没有影响，1分表示促进作用，2分表示强促进作用［矩阵量表题］*）

分数	-1	0	1	2
体育管理活动				
体育竞赛表演活动				
体育健身休闲活动				
体育场馆服务				
体育中介服务				
体育培训与教育				
体育媒体及信息服务				
体育用品及相关产品制造				
体育用品及相关产品销售				
体育场地设施建设				

12. 请根据您的理解和经验选择晋江的"体育场地设施建设"对下列各项的影响分数：

（说明：-1分表示抑制作用，0分表示没有影响，1分表示促进作用，2分表示强促进作用［矩阵量表题］*）

分数	-1	0	1	2
体育管理活动				
体育竞赛表演活动				
体育健身休闲活动				
体育场馆服务				
体育中介服务				
体育培训与教育				
体育媒体及信息服务				
体育用品及相关产品制造				
体育用品及相关产品销售				
贸易代理与出租				

13. 例：安踏（中国）有限公司按现在步伐稳步发展，对加快晋江经济整体发展可能贡献不大，但其发展脚步放缓则可能代表一个分类行业的萎缩，会对晋江经济产生较大负面影响。安踏的发展情况会对晋江体育产业发展产生正负面的影响，且影响程度不一，请您根据其**正向**发展对晋江体育产业发展的促进作用选择0、1、2分，并根据其**负向**发展对晋江体育产业发展的抑制作用选择0、-1、-2分。

①请根据您的理解和经验选择以下指标的**正向**发展对晋江体育产业发展的影响分数：

（说明：0分表示没有影响，1分表示促进作用，2分表示强促进作用 [矩阵量表题]*）

分数	0	1	2
地理位置			
创新能力			
体育场馆资源			
国家、省级训练基地			
企业跨界合作			
群众体育			

②请根据您的理解和经验选择以下指标的**负向**发展对晋江体育产业发展的影响分数：

（说明：-2分表示强抑制作用，-1分表示抑制作用，0分表示没有影响 [矩阵量表题]*）

分数	-2	-1	0
地理位置			
创新能力			
体育场馆资源			
国家、省级训练基地			
企业跨界合作			
群众体育			

③您认为还有哪些指标的正负向发展对晋江体育产业发展产生促进或抑制作用?

14. 请您基于晋江体育产业发展现状为其接下来的发展方向提出建议。